COACHING FINANCEIRO

Respeite o direito autoral

O GEN | Grupo Editorial Nacional – maior plataforma editorial brasileira no segmento científico, técnico e profissional – publica conteúdos nas áreas de ciências sociais aplicadas, exatas, humanas, jurídicas e da saúde, além de prover serviços direcionados à educação continuada e à preparação para concursos.

As editoras que integram o GEN, das mais respeitadas no mercado editorial, construíram catálogos inigualáveis, com obras decisivas para a formação acadêmica e o aperfeiçoamento de várias gerações de profissionais e estudantes, tendo se tornado sinônimo de qualidade e seriedade.

A missão do GEN e dos núcleos de conteúdo que o compõem é prover a melhor informação científica e distribuí-la de maneira flexível e conveniente, a preços justos, gerando benefícios e servindo a autores, docentes, livreiros, funcionários, colaboradores e acionistas.

Nosso comportamento ético incondicional e nossa responsabilidade social e ambiental são reforçados pela natureza educacional de nossa atividade e dão sustentabilidade ao crescimento contínuo e à rentabilidade do grupo.

Arnaldo Marion

COACHING FINANCEIRO
GUIA PRÁTICO DE APLICAÇÃO

O autor e a editora empenharam-se para citar adequadamente e dar o devido crédito a todos os detentores dos direitos autorais de qualquer material utilizado neste livro, dispondo-se a possíveis acertos caso, inadvertidamente, a identificação de algum deles tenha sido omitida.

Não é responsabilidade da editora nem do autor a ocorrência de eventuais perdas ou danos a pessoas ou bens que tenham origem no uso desta publicação.

Apesar dos melhores esforços do autor, do editor e dos revisores, é inevitável que surjam erros no texto. Assim, são bem-vindas as comunicações de usuários sobre correções ou sugestões referentes ao conteúdo ou ao nível pedagógico que auxiliem o aprimoramento de edições futuras. Os comentários dos leitores podem ser encaminhados à **Editora Atlas Ltda.** pelo e-mail faleconosco@grupogen.com.br.

Direitos exclusivos para a língua portuguesa
Copyright © 2019 by
Editora Atlas Ltda.
Uma editora integrante do GEN | Grupo Editorial Nacional

Reservados todos os direitos. É proibida a duplicação ou reprodução deste volume, no todo ou em parte, sob quaisquer formas ou por quaisquer meios (eletrônico, mecânico, gravação, fotocópia, distribuição na internet ou outros), sem permissão expressa da editora.

Rua Conselheiro Nébias, 1384
Campos Elísios, São Paulo, SP – CEP 01203-904
Tels.: 21-3543-0770/11-5080-0770
faleconosco@grupogen.com.br
www.grupogen.com.br

Designer de capa: Caio Cardoso
Imagem da capa: sorbetto | iStockphoto
Editoração eletrônica: Caio Cardoso

CIP-BRASIL. CATALOGAÇÃO NA PUBLICAÇÃO
SINDICATO NACIONAL DOS EDITORES DE LIVROS, RJ

M295c

Marion, Arnaldo
Coaching financeiro / Arnaldo Marion. São Paulo : Atlas, 2019.
208 p. ; 23 cm.
ISBN 978-85-97-01927-8

1. Administração financeira. 2. Finanças pessoais. 3. Orçamento pessoal. 4. Planejamento. I. Título.

18-53505   CDD: 332.024
                                                                                                                            CDU: 64.03

Vanessa Mafra Xavier Salgado - Bibliotecária - CRB-7/6644

PREFÁCIO

Daniel Kahneman, em virtude de trabalhos em coautoria com Amos Tversky, ganhou o prêmio Nobel de Economia em 2002 por seus estudos dedicados às Finanças Comportamentais.

Esses pesquisadores questionam a racionalidade econômica em algumas situações de decisões, principalmente no mundo financeiro. Eles afirmavam que quem deve tomar decisão no mundo real pode não avaliar corretamente as variáveis disponíveis, implicando tomadas de decisão nem sempre racionais.

Quinze anos depois do prêmio de Kahneman, Richard Thaler ganhou o Prêmio Nobel de Economia (2017) pelo desenvolvimento da teoria da Economia Comportamental ou Contabilidade Mental.

As contribuições de Thaler, contemplando análises econômicas comportamentais, envolvem aspectos psicológicos na tomada de decisão financeira de cada pessoa. Na verdade, suas pesquisas ampliaram as descobertas de Kahneman, uma vez que são enriquecidos os conceitos de Finanças Comportamentais pelas teorias econômicas e contábeis no campo decisorial.

Esses ganhadores do prêmio Nobel confirmam quão relevantes são as decisões racionais quando se trata de decidir o destino dos recursos, ou captação destes, pelas pessoas, considerando os aspectos comportamentais. Esta área econômico-financeira das pessoas é tão relevante nos dias atuais que várias categorias de profissionais tentam contribuir para melhorar a satisfação da difícil missão de lidar com dinheiro: administradores, contadores, economistas, psicólogos, matemáticos financeiros, sociólogos etc.

Os administradores, particularmente, evoluíram consideravelmente no campo das finanças. Ao cuidar das finanças pessoais, esses profissionais têm contribuído no campo das Finanças Comportamentais, considerando as decisões complicadas que o ser humano toma frequentemente diante de raciocínios nem sempre racionais.

Mais recentemente, notamos o surgimento de profissionais em Coaching (muitos ligados à Administração), que, em sua maioria, reúne conhecimentos de diversas ciências ou especializações, além da Administração, tais como: Psicologia, Economia, Gestão de Pessoas, Recursos Humanos, Finanças, Planejamento Estratégico, Neurociência etc.

A prática do Coaching tem ajudado a desenvolver pessoas na busca de desempenho e resultados extraordinários. Ela é aplicada em diversos contextos como quebrar crenças, adquirir autoconfiança, proporcionar melhoria profissional (carreira), financeira, social e até mesmo familiar e espiritual.

No que tange ao Coaching Financeiro, o autor deste livro tem como propósito a mudança de mentalidade na relação com o dinheiro, causando uma alteração positiva no julgamento, nas crenças, decisões, nos comportamentos e hábitos financeiros, alinhando essa relação aos objetivos e valores de cada pessoa que passa por esse processo.

Esta especialização do Coaching visa ao desenvolvimento das pessoas na gestão do dinheiro, considerando as deficiências e os comportamentos viciados que têm afetado um número enorme de famílias no Brasil e no mundo.

Certamente, assunto como este, que já proporcionou dois prêmios Nobel de Economia, é urgente e vital para diversos segmentos da nossa economia, principalmente para as pessoas responsáveis pelo equilíbrio das finanças pessoais, familiares, empresariais etc.

Este livro é publicado em um momento oportuno, em que enfrentamos a maior crise financeira da nossa história, com inadimplências, desempregos, falências de pessoas físicas e jurídicas... e um despreparo total para enfrentar essa realidade impiedosa.

O Autor

Material Suplementar

Este livro conta com os seguintes materiais suplementares:

- *Templates* do livro disponíveis para *download*.

O acesso aos materiais suplementares é gratuito. Basta que o leitor se cadastre em nosso *site* (www.grupogen.com.br), faça seu *login* e clique em GEN-IO, no menu superior do lado direito.

É rápido e fácil. Caso tenha dificuldade de acesso, entre em contato conosco (gendigital@grupogen.com.br).

GEN-IO (GEN | Informação Online) é o repositório de materiais suplementares e de serviços relacionados com livros publicados pelo GEN | Grupo Editorial Nacional, maior conglomerado brasileiro de editoras do ramo científico-técnico-profissional, composto por Guanabara Koogan, Santos, Roca, AC Farmacêutica, Forense, Método, Atlas, LTC, E.P.U. e Forense Universitária. Os materiais suplementares ficam disponíveis para acesso durante a vigência das edições atuais dos livros a que eles correspondem.

SUMÁRIO

Introdução, 1

CAPÍTULO 1
Fundamentos do coaching financeiro, 7
1.1 Fundamentos do coaching financeiro, 8
    1.1.1 A relação de coaching, 8
    1.1.2 Construção de confiança, 9
    1.1.3 Aprender sem ser ensinado, 9
    1.1.4 As perguntas eficazes (PEs), 9
    1.1.5 Os três passos do coaching, 10
    1.1.6 As ferramentas de coaching, 11
    1.1.7 Onze competências do coach, 11
1.2 Introdução à neuroeconomia e ao processo decisório, 12
    1.2.1 Influências do processo decisório, 12
    1.2.2 Moldura decisória, 14
    1.2.3 Heurística, 15
1.3 Teoria das finanças comportamentais, 16
    1.3.1 Oito comportamentos financeiros irracionais, 18
    1.3.2 O dinheiro e os seus mitos, 28
    1.3.3 Da mentalidade de consumidor para investidor, 31

CAPÍTULO 2

Como estou me saindo em relação ao dinheiro? (EA , 33

2.1 Como estou me saindo em relação ao dinheiro?, 34
2.2 Inventário do dinheiro, 37
2.3 Sintomas de disfunção financeira, 45
2.4 Mapa de equilíbrio financeiro, 51
    2.4.1 Visão sistêmica, 51
    2.4.2 Características do mapa financeiro, 51

CAPÍTULO 3

O que significa ser rico para você? (ED), 59

3.1 Conecte prosperidade com propósito, 60
    3.1.1 Intenções superficias e falta de clareza, 60
    3.1.2 Suas verdadeiras intenções, 60
    3.1.3 As seis necessidades básicas, 62
    3.1.4 Cuidado com as falsas ilusões, 64
3.2 Quanto custa o seu sonho?, 65
    3.2.1 Os cinco níveis para seu sonho financeiro, 66

CAPÍTULO 4

Meu plano financeiro de vida (PA), 75

4.1 Planos abertos, 79
    4.1.1 5W2H, 79
4.2 Planos de correção e equilíbrio, 82
    4.2.1 Planejamento de orçamento doméstico, 82
4.3 Plano de libertação financeira, 88
    4.3.1 Tipos de dívida, 91
    4.3.2 Os sete passos para a superação de dívidas, 92
4.4 Plano de multiplicação, 100
    4.4.1 As cinco estratégias aceleradoras, 101
    4.4.2 O efeito da multiplicação, 109
    4.4.3 Mapa do milhão, 110

Sumário

CAPÍTULO 5

O que está armazenado em sua memória financeira?, 113

5.1 O passado guarda a chave do futuro, 114

5.2 Mensagens do dinheiro, 115

5.3 Programação financeira, 118

    5.3.1 Aprendizagem por associação: condicionamento, 121

    5.3.2 Condicionamento verbal, 122

    5.3.3 Exemplos e modelos, 123

    5.3.4 Episódios específicos, 124

    5.3.5 Dinheiro não substitui o amor, 126

5.4 Processo APD: redefinindo o seu modelo financeiro, 127

5.5 Medo crônico e botão do pânico, 129

5.6 Reconstruindo hábitos financeiros, 134

CAPÍTULO 6

Guia de coaching financeiro, 137

6.1 Formação profissional em coaching, 138

    6.1.1 Educação: formação profissional em coaching, 139

    6.1.2 Experiência: especialização em finanças pessoais, 141

    6.1.3 Ética: conduta profissional do coach, 143

6.2 Roteiro de sessões, 144

6.3 Biblioteca do coach financeiro, 149

ANEXO 1

Templates de mapeamento, 151

1. Inventário do dinheiro, 152
2. Sintomas de disfunção financeira, 159
3. Mapa de equilíbrio financeiro, 164

ANEXO 2

Templates para sonhos e metas, 165

1. Conector de prosperidade e propósito, 166
2. Cinco níveis para o seu sonho financeiro, 166

ANEXO 3

Templates direcionadores de planos, 171

1. 5W2H, 172
2. Os quatro potes: plano de orçamento doméstico, 173
3. Dívida zero em sete passos, 174
4. Direcionadores de estratégia, 181
5. Mapa do milhão, 183

ANEXO 4

Templates para resgate de memória financeira, 187

1. Questionários sobre as mensagens do dinheiro, 188
2. Minha memória financeira, 189
3. Meu condicionamento financeiro, 190
4. Meu botão do pânico, 190
5. Conector da memória com medos e hábitos presentes, 192

Bibliografia, 193

Introdução

"Eu tenho dinheiro suficiente para viver o resto da minha vida, a menos que eu compre alguma coisa."

Jackie Mason

O dinheiro desperta as mais extremas reações

Para alguns, dinheiro pode ser um tabu; pouco falam e pouco entendem; o dinheiro nunca foi tratado abertamente e é considerado um assunto pessoal e inapropriado para ser comentado. Para outros, pode ser uma obsessão, o centro gravitacional da vida, conduzindo-a inclusive; é o guia que determina o que será feito e quando será feito, e, por causa dele, muitos sacrificam aquilo que não tem preço, como saúde, tempo e família. Para outros ainda, dinheiro é apenas uma ferramenta, um canal para se conseguir o que realmente é valioso, seja tempo livre, aceitação, liberdade, escolha, poder de ajudar, segurança, conforto, independência, acessibilidade, reconhecimento, criatividade ou qualquer outro ideal de valor.

Em minhas sessões de coaching e treinamentos, tenho pessoalmente notado que muitas pessoas optam por distanciar-se do tema dinheiro em função daquilo que sentem quando conversam sobre o assunto. Esse sentimento pode ser de culpa (para aqueles que têm dinheiro), vergonha (para aqueles que não o têm), inveja (para aqueles que desejam ter o que outros têm), ganância (para quem nunca acha que tem o suficiente) e assim em diante. Seja qual for a reação que o dinheiro desperta em cada um de nós, não podemos negar o papel e a influência que ele tem em nossas vidas, seja para construir ou destruir, para juntar ou espalhar, para aproximar ou afastar, ou ainda, para paz e para guerra. Por isso, não consigo enfatizar suficientemente a relevância que tem **a qualidade de nossa relação com dinheiro** e o efeito que esta causa em todas as demais áreas de nossas vidas.

O seu potencial financeiro não está na sua conta bancária, mas sim na sua mente

Você poderá se surpreender ao descobrir que sua mente contém tanto a chave que abre quanto a chave que fecha a prosperidade financeira em sua vida. Seus resultados financeiros de hoje, por pior ou melhor que sejam, não são frutos de sorte ou azar, mas de escolhas e decisões tomadas, sejam elas racionais ou emocionais, conscientes ou inconscientes.

A nossa relação com dinheiro entra na esfera da mente inconsciente (aquela parte da mente que faz nosso coração bater 4.800 vezes por hora, sem precisarmos pensar) e que nos leva, muitas vezes, a responder involuntariamente ou com irracionalidade, podendo nos custar caro, conforme veremos adiante neste livro.

O fato é que cada um é movido por um modelo financeiro pessoal que aprendeu e desenvolveu ao longo da vida, e uma grande parcela de nossas decisões financeiras está pré-programada. Por isso, nossa relação com o dinheiro não é um assunto trivial, e envolve certas complexidades que hoje, graças a pesquisas científicas recentes, somos capazes de decodificar e modificar, afetando diretamente o nosso comportamento financeiro.

Ademais, está na mente a sensação de inacessibilidade ao dinheiro, que é uma das três principais desculpas para se abortar sonhos, enterrar talentos, engavetar projetos e inviabilizar negócios. Nas palavras de Norman Vincent Peale, *"Bolso vazio nunca impediu ninguém. Somente mentes vazias e coração vazio é que podem fazer isso"*.

O que você pode esperar deste livro?

Este livro foi desenvolvido para ser usado como um guia de aplicação do processo de coaching financeiro e seus princípios, tanto para alunos quanto para conselheiros e especialistas em finanças pessoais, coaching, consultoria, terapia financeira, educação financeira, além de profissionais que atuam com consumidores de produtos e serviços financeiros, elevando a qualidade da experiência no uso desses produtos e serviços.

Você encontrará neste material um método de trabalho sequenciado e organizado, com ferramentas e recursos que o auxiliarão a promover rupturas de hábitos e padrões financeiros destrutivos, e obter um relacionamento equilibrado e sustentável com o dinheiro.

Mas se seu caso for apenas de querer organizar e melhorar a sua vida pessoal financeira, vai achar neste livro mais do que técnicas e guias práticos, iremos desafiar uma nova mentalidade: de consumidora para investidora.

Veremos, também, como construir uma vida com liberdade financeira (livre de dívidas), ou ainda, independência financeira (quando sua renda passiva supre seu padrão de vida), como estabelecer metas financeiras não baseadas em fantasias, mas em projeto de vida, e como acelerar e multiplicar seu patrimônio com decisões financeiras inteligentes. Finalmente, detalharemos como alguém poderá assumir de volta o controle financeiro perdido, independentemente de qual tenha sido sua história financeira e dos modelos financeiros que desenvolveu em sua vida. Afinal, como seria sua vida tendo o dinheiro como servo e não senhor?

Nossa jornada conta com a ajuda tanto de ensinos milenares quanto de pesquisas recentes e revolucionárias que nos proporcionam uma nova dimensão na compreensão do comportamento humano, do papel das emoções e de nossa dinâmica neurológica (cerebral), que determinam nossa relação com o dinheiro. A combinação dessa sabedoria milenar e da ciência nos processos de coaching faz deste livro um instrumento poderoso, dinâmico e de simples aplicação para resultados surpreendentes.

Nesta obra, você encontrará ainda pesquisas no campo da Psicologia, Sociologia, Neurociência e Neuroeconomia, que, por sua vez, vêm abrindo novos horizontes de conhecimento e permitindo o desenvolvimento de processos transformadores.

Preparando-se para sua jornada: cinco regras de ouro

Pergunte a qualquer atleta profissional sério e descobrirá que sucesso começa na mente. Segundo Tony Robbins, 80% do sucesso que experimentamos vem da psicologia que cultivamos e 20% da mecânica que colocamos em prática. Por isso, desafie sua velha perspectiva, coloque em prática o que tem aprendido e persista em novas decisões que tomará com absoluto compromisso.

Entre pessoas que promovem mudanças temporárias ou viram o jogo em sua vida financeira, existem cinco diferenças na forma de pensar e agir. São chamadas de "Cinco regras de ouro". Ao ler e aplicar o que este livro ensina, considere estas cinco regras e o que elas dizem sobre as escolhas que já fez e as que passará a fazer:

1. **O dinheiro é um bom servo, mas um péssimo mestre.**
   Quem na sua vida determina o que acontecerá e quando acontecerá?

2. **Ou você controla o dinheiro, ou o dinheiro controla você.**
   Se seu dinheiro pudesse falar, como ele definiria o relacionamento que vocês têm?

3. **Atitude define altitude.**
   O que você tem falado sobre sua vida financeira?

4. **O invisível gera o visível!**
   Qual é o seu modelo financeiro? Quais resultados ele tem gerado?

5. **Se você não arriscar nada, então está arriscando tudo!**
   O que poderia encontrar de extraordinário, se deixasse sua zona de conforto?

Resumo dos capítulos

Este livro foi organizado como um guia de autoaplicação, em uma sequência que visa orientar o desenvolvimento de um plano financeiro pessoal integralizando recursos e ferramentas de coaching em cada uma de suas etapas.

Introdução

Esta obra também reúne um conjunto de teorias e estudos internacionais que explicam nossa relação com o dinheiro, seus influenciadores e nossa dinâmica decisória.

Capítulo 1 – Fundamentos do coaching financeiro

O primeiro capítulo é dedicado a estabelecer um bom alicerce para um trabalho de coaching financeiro. Vamos visitar conceitos de base que fundamentam este trabalho, sua aplicação ao dinheiro e seu efeito na vida de pessoas.

Abordaremos um recente movimento de convergência da Economia, da Psicologia e da Neurociência em uma disciplina unificada, denominada Neuroeconomia, que tem como objetivo final criar uma única teoria geral sobre tomada de decisão humana.

Navegaremos ainda nos mares das Finanças Comportamentais, que nada mais é do que uma integração dos estudos de Finanças e Psicologia, nos ajudando a entender a origem das principais decisões financeiras irracionais que tomamos no dia a dia.

Capítulo 2 – Como estou me saindo em relação ao dinheiro? (EA)

Como em um processo de coaching tradicional, queremos construir seu *Road Map* (Trajetória) e definir com clareza seu ponto de origem (Estado Atual). Vamos, portanto, ajudá-lo a realizar um diagnóstico completo da sua realidade financeira atual, avaliar seus principais resultados obtidos até aqui e mapear o grau de equilíbrio que foi desenvolvido com o dinheiro em sua jornada de vida. Ignorar esta etapa lhe dará uma visão limitada do que está errado e o que pode ser melhorado, e, ainda, prejudicar a elaboração de um plano financeiro consistente e real mais adiante.

Capítulo 3 – O que significa ser rico para você? (ED)

Queremos ir além das intenções superficiais, vamos construir uma visão financeira com compromisso. Vamos começar conectando prosperidade com propósito e visitar as reais motivações daquilo que buscamos financeiramente. Ideais e propósito criam um estado emocional sólido para promovermos mudanças necessárias. Em seguida, vamos explorar a relação entre prosperidade financeira e as seis necessidades humanas fundamentais. Concluiremos esta etapa precificando seu Projeto de Vida em cinco dimensões que detalharão exatamente quanto precisará para definir sua Cifra de Riqueza.

Capítulo 4 – Meu plano financeiro de vida (PA)

Planos geram possibilidades. Neste capítulo, você será guiado a construir um plano financeiro consistente a partir de sua realidade atual e dos seus alvos financeiros. Faz parte desta etapa se familiarizar com planos para organização do orçamento doméstico, planos para superação de dívidas e estratégias criativas para multiplicação do seu patrimônio em ritmo acelerado.

Capítulo 5 – O que está armazenado em sua memória financeira?

Em matéria de dinheiro, tendemos a ser exatamente iguais aos nossos pais, ou tutores de infância. Essa seção irá guiá-lo a resgatar suas primeiras memórias financeiras e verificar quais as mensagens do dinheiro que se tornaram verdades e condicionaram seu modelo financeiro interior. Ademais, vamos abordar como o medo e as emoções tóxicas podem causar decisões reativas e impulsivas, afetando seus resultados financeiros. Trilharemos alguns passos práticos a fim de superar isso e reconstruir hábitos financeiros para um futuro financeiro próspero e equilibrado.

Capítulo 6 – Guia de coaching financeiro

Este último capítulo é dedicado especialmente a profissionais como coaches, educadores, conselheiros, pastores e terapeutas financeiros que pretendem aplicar o Coaching Financeiro. Descrevemos os três pilares do Coach Financeiro, bem como organizamos os recursos deste livro em um trabalho sequenciado, em sessões de coaching, na forma de um roteiro de trabalho que o guiará em uma aplicação prática e bem-sucedida com seus clientes.

1
FUNDAMENTOS DO COACHING FINANCEIRO

"Com três passos simples – estado atual, estado desejado e plano de ação –, o coaching tem ajudado milhões de pessoas a liberarem o potencial que jamais imaginaram existir dentro de si..."

Arnaldo Marion, *Manual de Coaching*

- O que é e como funciona o Coaching Financeiro?
- O que a Neurociência nos ensina sobre decisões financeiras irracionais?
- Quais são os comportamentos financeiros irracionais mais comuns?

1.1 Fundamentos do coaching financeiro

Coaching é a arte de promover ou provocar mudanças e transformação, baseada em futuras possibilidades e não em erros do passado.

Portanto, o **coaching financeiro** é a aplicação dos processos, princípios e ferramentas de coaching às finanças pessoais. Trata-se de uma especialização do coaching com foco no desenvolvimento de um relacionamento equilibrado e próspero com o dinheiro.

Coaching Financeiro

É a aplicação do processo de coaching para promover mudança de mentalidade na relação com o dinheiro que cause uma alteração positiva no julgamento, nas crenças, decisões, nos comportamentos e hábitos financeiros, alinhando estes aos objetivos e valores do coachee.

Nesta primeira seção, vamos resumir sete fundamentos importantes do coaching, que também devem ser considerados na aplicação do coaching financeiro. O Capítulo 6 deste livro também fará uma descrição completa do ciclo de coaching e contém um roteiro de conversa para suas sessões.

1.1.1 A relação de coaching

É, antes de tudo, um profissional com papéis e responsabilidade claros, preferencialmente estabelecidos em acordo ou contrato. Deve respeitar o código de ética da profissão e seus limites de atuação. O coach estará focado no processo das conversas visando melhor apoiar o coachee (ou interlocutor), que está focado no conteúdo do que está sendo explorado.

Fundamentos do coaching financeiro

O conteúdo de uma conversa de coaching são tópicos, fatos, informações, ideias e compromisso discutidos e explorados.

Já o processo é o formato de uma conversa que inclui o método utilizado, as condições do ambiente onde a conversa se dará, o nível de confiança e empatia construído e o direcionamento dado à conversa.

Os resultados dessa interação levarão o coachee a novos *insights*, ideias e perspectivas que o empoderará a perceber novas e melhores escolhas, decisões e ações.

1.1.2 Construção de confiança

O bom coach ouve para entender e permite que o seu interlocutor se sinta compreendido.

Ouvir ativamente também permite o coach estabelecer o *rapport* – uma posição não julgamental que conecta você ao seu interlocutor – e construir uma relação de confiança.

Construímos confiança no coaching:

- Oferecendo suporte ao invés de controlar.
- Encorajando ideias ao invés de compartilhá-las.
- Promovendo a responsabilização ao invés de assumir responsabilidade.
- Processando decisões ao invés de tomá-las.
- Acreditando no potencial do seu interlocutor ao invés de tentar concertá-lo.
- Mantendo compromissos agendados e honrando a confidencialidade das conversas.

1.1.3 Aprender sem ser ensinado

A capacidade de alguém promover mudanças profundas e significativas na sua vida está diretamente ligada à sua capacidade de apreender, desaprender e reaprender.

Mudanças são resultados do que foi aprendido e de se traduzir o que foi aprendido em ação.

Mas não se engane, coaches não ensinam, eles facilitam a aprendizagem.

1.1.4 As perguntas eficazes (PEs)

Perguntas e curiosidade são como ímãs da nossa atenção. Elas nos levam a um novo patamar de descobertas, clareza e ação. Por isso, as perguntas são a forma primária de comunicação no coaching, pois promovem conversas investigativas que ultrapassam a esfera do superficial, despertam nosso senso perceptivo e exploratório e abre-nos novos horizontes.

Perguntas Eficazes são aquelas que levam o seu interlocutor a aumentar o foco no que está respondendo, ou seja, o direcionam a olhar com atenção onde usualmente só olharia superficialmente. As PEs demandam um grau maior de detalhe de clareza, de natureza descritiva e não julgamental. Isso minimiza o risco de levar a conversa para um lado de autocrítica ou autodepreciação.

Perguntas Eficazes devem levar o interlocutor a um destes cinco resultados:

- **Primeiro resultado: Autoconsciência**

   Consiste em aumentar a quantidade e a qualidade daquilo que sabe sobre você.

- **Segundo resultado: Autorresponsabilidade**

   É a crença de que você é o único responsável pela vida que tem levado e também o único capaz de mudá-la.

- **Terceiro resultado: Ação ou atitude**

   Trata-se de tomar passos práticos, decidindo e fazendo escolhas que resultem em novas ações e atitude.

- **Quarto resultado: Visão do futuro**

   Permite-nos ver um novo horizonte, perceber possibilidades usando a imaginação.

- **Quinto resultado: Solução de um problema**

   Consiste em usar a criatividade e vislumbrar diferentes respostas a um mesmo problema.

1.1.5 Os três passos do coaching

Em essência, o processo de coaching consiste em três passos:

- **Passo 1: Definição de um estado atual**

   Mapeamento de situação, realidade e circunstância de um interlocutor, bem como o grau de severidade de áreas prejudicadas/depreciadas.

- **Passo 2: Projeção de um estado desejado**

   Identificação de inspirações e aspirações vinculadas a valores e um senso de propósito de vida. É nesta etapa que se cria uma lista de sonhos e se traça metas.

- **Passo 3: Construção de um plano de ação**

    Criação de novas possibilidades, exploração de oportunidades, recursos e priorização de tempo por meio de uma nova agenda direcionada a metas e valores de vida.

1.1.6 As ferramentas de coaching

Como em qualquer profissão, no coaching financeiro, temos nosso *kit* de ferramentas de trabalho. Elas estão agrupadas por etapa do processo de coaching. Essas ferramentas funcionam como aceleradores de aprendizagem e ação. Devem ser introduzidas durante as sessões e poderão ser trabalhadas gradativamente com seu interlocutor. Como coach, você deverá conhecer essas ferramentas e saber explicar sua aplicação, mas o preenchimento e a construção dessas ferramentas deverão ser feitos por seu interlocutor, como exercício de desenvolvimento.

1.1.7 Onze competências do coach

Um coach profissional, segundo o International Coaching Federation (ICF), deverá apresentar um domínio essencial de 11 competências:

Estabelecer o fundamento
- Corresponder às diretrizes éticas e padrão profissional.
- Estabelecer um acordo de coaching.

Promover uma relação de parceria
- Estabelecer confiança e intimidade com o cliente.
- Mostrar-se presente.

Comunicação efetiva
- Ouvir ativamente.
- Fazer Perguntas Eficazes.
- Estabelecer uma comunicação direta.

Facilitar aprendizagem e resultados
- Promover autoconsciência.
- Designar ações.
- Planejar e estabelecer metas.
- Gerenciar progresso e autorresponsabilidade.

1.2 Introdução à neuroeconomia e ao processo decisório

> *"Um investimento que diz ter uma chance de 80% de sucesso soa muito mais atraente do que um com 20% de chance de falha. A mente não consegue facilmente reconhecer que eles são os mesmos."*
>
> Daniel Kahneman

Nesta seção, queremos explorar, como pano de fundo, algumas ideias da Neuroeconomia e do processo decisório. Essas ideias esclarecerão a dinâmica do nosso processo decisório e o que nos causa tomar decisões financeiras irracionais.

Até muito recente, prevaleciam as ideias de Adam Smith, o pai da Economia Clássica, como a Teoria Econômica de que sempre tomamos decisões racionais, ou seja, de que um indivíduo sempre tomará decisões financeiras lógicas e prudentes. Essas decisões financeiras seriam resultado de escolhas que maximizariam benefícios e interesses, e de satisfação desse indivíduo.

Todavia, o que a Economia Clássica falhou em explicar passou a ser, recentemente, campo de pesquisa de áreas científicas não habituais nesse campo, como a Psicologia, a Antropologia, a Biologia e a Neurociência. Vamos conhecer neste capítulo diferentes teorias e pesquisas que concluem que, especialmente em matéria de dinheiro, não somos de fato racionais, mas propensos e sujeitos a todos os tipos de preconceitos e hábitos que nos levam a uma visão estritamente limitada em um processo decisório.

1.2.1 Influências do processo decisório

Para cada decisão que você toma, cada julgamento que você faz, há uma batalha em sua mente – uma batalha entre intuição e lógica. Todavia, a parte intuitiva da mente é muito mais poderosa do que geralmente se imagina.

A maioria de nós gosta de pensar que somos capazes de tomar decisões racionais, ou seja, gostamos de pensar que nossas crenças, julgamentos e opiniões são baseados em uma lógica. Até se admite ser guiado, às vezes, pela intuição e pelo instinto, mas, quando necessário, podemos invocar a razão e chegar a uma conclusão e decisão lógica e racional.

O Prof. Daniel Kahneman da Universidade de Princeton desafiou essa ideia e iniciou uma revolução na nossa compreensão da mente humana e do processo decisório.

A sua hipótese original era baseada no fato de que os erros que cometemos, a partir de decisões e escolhas feitas, não são aleatórios ou pontuais, mas sistemáticos, que todos fazemos sem perceber.

Fundamentos do coaching financeiro

Foi o Prof. Kahneman, juntamente com o Prof. Amos Tversky da Universidade Hebraica de Jerusalém, que primeiro propuseram que nossa mente realmente opera em dois sistemas de pensamento. Há uma parte deliberada e lógica de sua mente que é capaz de analisar um problema e chegar a uma resposta racional. Mas, em sua mente, há também outro sistema que é intuitivo, rápido e automático. Vamos compreender como cada um deles funciona.

SISTEMA LÓGICO DA MENTE

Esta é a parte da sua mente que você conhece. É especialista em resolver problemas, mas é lenta, exige muita energia e é extremamente preguiçosa. Mesmo um simples ato de andar é suficiente para ocupar a maior parte de sua mente lógica.

Se você for solicitado a resolver um problema complicado enquanto estiver caminhando, provavelmente irá parar porque sua mente atenta não pode atender a ambas as tarefas ao mesmo tempo. Se você quiser testar sua própria capacidade de prestar atenção, experimente o teste de urso invisível elaborado por Chris Chabris, do Union College, Nova York, e de Daniel Simons, da Universidade de Illinois, neste link: <www.youtube.com/watch?v=ax4rfu5iNng>.

SISTEMA INTUITIVO DA MENTE

Essa maneira rápida de pensar é incrivelmente poderosa, mas totalmente oculta. Este sistema é tão poderoso que é responsável pela maioria das coisas que você diz, faz, pensa e acredita. E, no entanto, você não faz ideia de que isso esteja acontecendo. Esse sistema é o seu piloto automático oculto e tem uma mente própria.

Na maioria das vezes, nossa mente rápida e intuitiva está no controle, assumindo o controle eficiente de todas as milhares de decisões que tomamos a cada dia. O problema vem quando permitimos que nosso sistema rápido e intuitivo tome decisões que realmente devemos passar para o nosso sistema lento e lógico. É aí que os erros acontecem.

Nosso pensamento está repleto de erros sistemáticos conhecidos pelos psicólogos como "**viés cognitivo**". Estes afetam tudo o que fazemos. Eles nos fazem gastar impulsivamente ou ser excessivamente influenciados pelo que outras pessoas pensam. Eles afetam nossas crenças, nossas opiniões e nossas decisões, e não temos ideia de que isso esteja acontecendo.

Pode parecer difícil de acreditar, mas isso é porque sua mente lógica e lenta é um mestre na invenção de uma história de capa. A maioria das crenças e opiniões que temos vem de respostas pré-programadas. Mas, então, sua mente lógica cria uma razão que justifica a você mesmo a forma como pensa ou acredita em algo.

1.2.2 Moldura decisória

Nossas respostas pré-programadas são provenientes do sistema intuitivo da mente. São como molduras pré-definidas que delimitam o ângulo que utilizamos para analisar um fato ou uma informação. Uma moldura delimita o que vemos e percebemos dentro de um contexto.

Imagine, por exemplo, a moldura de um quadro. Qual é a sua função? É delimitar e destacar o conteúdo do ambiente externo que o cerca. É atrair a atenção de um observador para a imagem que está contida.

Moldura Decisória

São as variáveis, resultados e contingências que um tomador de decisão considera ao escolher a sua decisão. A moldura que um tomador de decisão uso no seu processo decisório é controlada basicamente por duas variáveis:

- A forma como um problema ou situação é formulado e apresentado.
- As características pessoais, as crenças e os hábitos do tomador de decisão.

Geralmente é possível aplicar molduras alternativas sobre um problema decisório. Todavia, diferentes molduras afetarão a forma como percebemos o problema. Molduras alternativas de um problema decisório podem ser comparadas com diferentes perspectivas possíveis em um cenário. Por exemplo, mudar um observador do seu ângulo de visão de dois prédios cuja altura seja exatamente igual pode aparentar que um seja mais alto do que o outro.

Conceitualmente, uma decisão racionalmente perfeita requer que não haja alteração de preferência entre opções de escolha, quando há uma mudança de moldura ou perspectiva. Porém, por causa de imperfeições na percepção e decisão humanas, uma mudança de ângulo dos fatos pode alterar completamente a nossa impressão e desejabilidade em relação às escolhas oferecidas.

Fundamentos do coaching financeiro

1.2.3 Heurística

O que vai fazer no próximo sábado à noite?

Vai sair ou ficar em casa? Vai comer um sanduíche ou uma pizza? Vai preferir cozinhar em casa ou pedir um *delivery*? Vai assistir a um filme em casa ou pegar uma sessão no cinema? Vai assistir a um filme de aventura ou suspense?

Pronto! Em menos de um minuto, você já tomou cinco decisões que vão definir o seu programa no sábado à noite.

Um artigo do Dr. Joel Hoomans da Roberts Weslyan College sugere que um adulto toma aproximadamente 35 mil decisões conscientes todos os dias. Dá para imaginar?

Muitas dessas decisões, todavia, tomamos sem precisar racionalizar, usando o que os psicólogos chamam de "Heurísticas".

Apesar de ser uma palavra estranha, Heurística tem um conceito simples.

Heurística
"É um método ou processo criado com o **objetivo de encontrar soluções para um problema**."

Em outras palavras, Heurística são **atalhos mentais**, regras básicas que nos permitem navegar nossas vidas. Esses atalhos mentais automatizam e facilitam decisões cotidianas, criando um procedimento simplificador que, em face de realidades complexas, envolve a substituição destas por outras de resolução mais fácil, a fim de encontrar respostas viáveis, ainda que imperfeitas. Muitas decisões tomadas, no entanto, seguem programações que não são questionadas ou mesmo percebidas e resultam em **escolhas irracionais**.

Por outro lado, sem esses atalhos mentais, ficaríamos paralisados diante da multidão de escolhas diárias. A Teoria das Finanças Comportamentais foi construída justamente para explicar as nossas escolhas irracionais em relação ao dinheiro e dessa forma minimizar seus efeitos sobre nós.

1.3 Teoria das finanças comportamentais

Teoria das Finanças Comportamentais
É o estudo do viés ou fenômenos psicológicos, ou moldura, que causam erros em decisões financeiras.

A base dos estudos de finanças comportamentais se apoia grandemente nos trabalhos de Daniel Kahneman e Amos Tversky, a partir da década de 1970. Como vimos, ambos contribuíram na nossa compreensão do desvio do comportamento humano (ciência cognitiva), que chamamos de irracionalidade decisorial.

Portanto, uma das principais ideias que queremos destacar dos estudos da Teoria das Finanças Comportamentais é de que nossas decisões não são logicamente perfeitas ou imparciais, baseando-se somente em dados disponíveis, mas, sim, influenciadas por um viés particular.

Viés
São "pré-conceitos", tendências criadas que nos levam a seguir um caminho particular quase lógico, ou formam uma determinada perspectiva baseada em noções e crenças mentais predeterminadas.

Um viés afeta diretamente a nossa capacidade de julgamento das opções e sobretudo afeta o nosso comportamento quando se trata de riscos, como a possibilidade de ganhar e a possibilidade de perder dinheiro.

A seguir, vamos introduzir **cinco tipos de viés**, conhecer suas características e analisar como afetam a maioria das pessoas em suas decisões:

- Vies do arrependimento.
- Viés de omissão.
- Viés de correlação e causalidade.
- Viés do presente.
- Viés da confirmação.

Fundamentos do coaching financeiro

VIÉS DO ARREPENDIMENTO

Conhecido pela Teoria do Arrependimento, postula que tomamos decisões que buscam evitar uma situação de arrependimento, caso essa decisão resulte em um desfecho desfavorável a nós. Isso é chamado "arrependimento antecipado".

> **Jogo rápido: Leia o problema a seguir e pense como você responderia.**
>
> Uma epidemia de gripe atingiu sua comunidade. Essa gripe pode ser fatal para crianças menores de 3 anos. A probabilidade de uma criança contrair a gripe é 1 em cada 10, e 1 em cada 100 crianças que contrair a gripe morrerá. Isso significa que, estatisticamente, **10 de cada 10.000** crianças em sua comunidade irão morrer.
>
> Uma vacina para esse tipo de gripe foi desenvolvida e testada. A vacina elimina qualquer chance de se contrair a gripe. No entanto, causa efeitos colaterais potencialmente fatais. Suponha que a vacina tenha uma taxa de mortalidade de 0,05%; isto é, a própria vacina é fatal em **5 de cada 10.000** casos. Você tem uma filha de 2 anos. Você escolheria vaciná-la ou não? **Decida por você mesmo antes de prosseguir.**
>
> A maioria das pessoas respondem NÃO a essa questão, apesar de a criança ter uma taxa de sobrevivência melhor com a vacina do que sem ela.
>
> O "arrependimento antecipado" pode ser intensificado pelo **Viés de omissão**: preferimos não ser o agente ativo de nossa filha contrair uma doença. Se ela ficar doente da vacina, nos culpamos por termos dado a vacina a ela, mas se ela simplesmente adoecer por contágio na comunidade, a doença pode ser responsabilizada como um "ato de Deus".

VIÉS DE OMISSÃO

Este viés pressupõe que, diante de um evento trágico, nós, humanos, tendemos a ver uma omissão diferente de uma ação, ou seja, uma ação que resulte em uma perda é vista de forma mais negativa do que uma omissão.

VIÉS DE CORRELAÇÃO E CAUSALIDADE

Outro viés que nos leva a uma interpretação parcial está no erro de correlação e causalidade. Este ocorre quando fazemos suposições equivocadas sobre dois eventos que pressupomos terem uma relação de causalidade. Quando, de fato, o que está acontecendo é que ambos estão sendo conduzidos por algum fator externo.

Um exemplo simples disso é a relação entre pessoas mordidas por tubarões e mais sorvetes sendo vendidos. Uma suposição absurda de causalidade seria assumir que em razão das pessoas estarem tomando mais sorvetes, estão atraindo mordidas de tubarões.

Obviamente, há algum outro fator externo que está dirigindo ambos os incidentes, como, simplesmente, o calor do sol. Mais gente vai à praia em dias de calor, onde estão os tubarões, e mais gente toma sorvete em dias quentes.

O que está óbvio neste caso pode não estar em outros. É assim que pessoas confundem o fator de correlação e muitas crenças populares nascem.

VIÉS DO PRESENTE

É o viés que nos faz prestar atenção ao que está acontecendo agora, mas não se preocupar com o futuro.

Jogo rápido: Leia o problema a seguir e pense como você responderia.

Se eu o oferecer metade de uma caixa de chocolates **em um ano**, ou uma caixa inteira em um ano e um dia, qual das opções escolheria?

A maioria preferira aguardar o dia extra e ter toda a caixa de chocolate.

Mas e se eu lhe oferecer metade de uma caixa de chocolates **agora mesmo**, ou uma caixa inteira de chocolates amanhã?

A maioria escolheria a meia caixa de chocolates agora. É a mesma diferença, mas esperar um dia extra no ano parece insignificante. Esperar um dia parece impossível diante da promessa imediata do chocolate.

De acordo com o Prof. Dan Ariely da Duke University, na Carolina do Norte, o viés do presente é o que nos leva a fazer coisas que gostaríamos de evitar, como comer demais, fumar, enviar mensagens de texto e dirigir ao mesmo tempo e ter relações sexuais desprotegidas.

VIÉS DA CONFIRMAÇÃO

Por fim, o viés da confirmação é a tendência de procurar informações que confirmem o que já sabemos. É por isso que tendemos a comprar um jornal que concorda com nossos pontos de vista.

Fundamentos do coaching financeiro

1.3.1 Oito comportamentos financeiros irracionais

Como vimos, as finanças comportamentais têm nos ajudado a reconhecer nosso "pré-conceito" natural, o viés, e o seu papel de nos levar a tomar decisões ilógicas e irracionais quando se trata de investimentos e finanças pessoais.

Continuaremos estudando as oito armadilhas, ou melhor, os oito comportamentos financeiros irracionais que mais sabotam o nosso sucesso financeiro e criamos comportamentos financeiros irracionais e erros sistêmicos.

Ao compreender esses erros como um coach financeiro, você poderá ajudar os seus clientes a minimizar decisões sabotadoras geradas pela mente intuitiva quando feitas no piloto automático.

A Figura 1.3.1 demonstra "Os oito comportamentos financeiros irracionais":

Figura 1.3.1 Os oito comportamentos financeiros irracionais.

EFEITO INÉRCIA (*INERTIA EFFECT*)

Um dos conceitos fundamentais para a física é o da inércia. A inércia é a tendência de um objeto físico resistir à mudança em seu estado atual de movimento ou repouso. Se um objeto estiver em movimento, ele irá resistir à parada. Se um objeto estiver em repouso, resistirá a ser posto em movimento.

O efeito inércia na preferência por doação de órgão

Um excelente exemplo do "efeito inércia" está nas diferenças estatísticas na doação de órgãos de países de grande similaridade cultural: a Alemanha e a Áustria. Em ambos os países se define se será um doador quando se tira a carteira de habilitação, mas com a seguinte diferença.

Na Alemanha, para ser um doador de órgãos, você deve selecionar um com "x" o campo que indica sua preferência de doador. Já na Áustria, há outra abordagem. Pressupõe-se que todos sejam doadores de órgãos e, para não ser, é necessário assinalar com um "x" o campo que indica sua preferência em não ser um doador.

Essa forma diferente e aparentemente insignificante de qualificar doadores de órgão gerou resultados muito diversos. Na Alemanha, 12% das pessoas indicam sua preferência em doar órgãos, no entanto, na Áustria, apenas 1% opta por NÃO ser um doador. Ou seja, a Alemanha conta com 12% da sua população como doadora, e a Áustria, 99% da população. Em países com culturas tão semelhantes, os resultados das abordagens distintas representam claramente o efeito inércia, ou seja, a tendência de manter as coisas como estão.

O mesmo conceito pode ser usado para descrever o comportamento humano nas finanças. Muitas vezes, agimos em inércia financeira. Estamos seguindo um certo caminho, envolvendo certos hábitos financeiros, e é difícil sair dessa situação sem objetivos financeiros claros e um novo plano de ação.

HIPERAVERSÃO A PERDAS (*AVERSION TO LOSS*)

Imagine este cenário: um amigo oferece para virar uma moeda e dar-lhe R$ 50 se der cara. Mas se der coroa, você lhe dará R$ 50. Você faria essa aposta? Segundo os psicólogos Amos Tversky e Daniel Kahneman, aceitaríamos o risco somente quando o ganho fosse duas vezes maior do que a perda. Essa tendência reflete a aversão à perda, ou a ideia de que as perdas geralmente têm um impacto psicológico muito maior do que os ganhos do mesmo tamanho.

Fundamentos do coaching financeiro

A ideia de hiperaversão à perda vem da Teoria da Prospecção (*Prospect Theory*), para explicar como as pessoas avaliam a incerteza. Mais recentemente, neurocientistas vêm confirmando essa teoria com análises em um nível neural.

Outra teoria é que as perdas podem desencadear maior atividade em regiões cerebrais que processam emoções, como a amígdala cerebelosa. Os neurocientistas Benedetto De Martino, Ralph Adolphs e Colin Camerer estudaram dois indivíduos com uma lesão rara na amígdala e descobriram que estes não mostraram aversão à perda, sugerindo que a amígdala desempenha um papel fundamental nesse comportamento.

Experimento da maçã

Foi realizado um experimento em macacos com duas situações diferentes:

Na primeira situação, entrega-se uma maçã para o macaco e mede-se seu nível de satisfação e felicidade. Na segunda situação, entregam-se duas maçãs ao macaco, mas depois se retira uma e mede-se seu nível de satisfação e felicidade.

Apesar de o resultado das duas experiências ser exatamente o mesmo, ou seja, uma maçã para o macaco, em qual das duas situações você acha que se verificou o maior nível de satisfação e felicidade?

Sim, na primeira. A explicação vem da sensação de desprazer percebida no macaco pela perda, independentemente da lógica de um resultado final.

A hiperaversão a perdas está diretamente ligada à ideia de "arrependimento antecipado" que vimos anteriormente e nos leva a assumir menos riscos e diminuir as chances de um potencial resultado negativo. A hiperaversão a perdas, como um comportamento financeiro controlado pela intuição, pode estar nos levando a tomarmos decisões financeiras precárias.

EFEITO MANADA (*HERD BEHAVIOR*)

Como podem eventos financeiros catastróficos serem permitidos acontecer uma e outra vez? Bolhas e especulações que resultam ciclicamente no mesmo desfecho.

Uma parte dessa resposta é atribuída ao chamado "efeito manada", que é a tendência humana de indivíduos imitarem as ações (racionais ou irracionais) de um grupo maior. É a ideia de que nos sentimos mais confortáveis nas decisões financeiras seguindo a sabedoria coletiva. Afinal, fazer igual à maioria aparenta segurança.

Individualmente, no entanto, a maioria das pessoas não agiria da mesma forma.

Há algumas razões pelas quais o "efeito manada" acontece. A primeira é a **pressão social da conformidade**. Você provavelmente sabe por experiência que isso pode ser uma força poderosa. Isso ocorre por sermos seres sociais com um desejo natural de sermos aceitos por um grupo, ao invés de sermos marcados como o excluído. Portanto, seguir o grupo é uma maneira ideal de se tornar um membro dele.

O segundo motivo é o raciocínio comum de que **é improvável que um grupo tão grande possa estar errado**. Afinal, mesmo se você estiver convencido de que determinada ideia, curso ou ação é irracional ou incorreta, você ainda pode seguir o fluxo da manada, acreditando que alguém, mais inteligente ou experiente que você, sabe algo que você não sabe. Essa confiança na sabedoria coletiva é especialmente verdadeira em situações em que um indivíduo tem pouca experiência em um certo campo do conhecimento. O fato de alguém ter uma ideia e fazê-lo sozinho faz com que todos o achem ridículo. Mas essa impressão se altera quando se têm seguidores e muitas pessoas fazendo a mesma coisa.

VIÉS DE DISPONIBILIDADE (*AVAILABITY BIAS*)

O **viés de disponibilidade**, também conhecido como a **heurística de disponibilidade**, é um atalho mental frequentemente usado pelo cérebro. Este viés julga a probabilidade de eventos ocorrerem por meio de exemplos rápidos e fáceis resgatados pela memória. Alguns eventos são mais fáceis de recordar do que outros, não porque sejam mais comuns, mas porque se destacam em nossas mentes. Tendemos a nos comportar mais influenciados pela imagem negativa do que pela probabilidade de um evento realmente acontecer.

Um bom exemplo é de alguém que assistiu na noite anterior a um documentário sobre ataques de tubarão no *Discovery Channel* e decidiu ir à praia no dia seguinte. Estatisticamente, a probabilidade de ataques de tubarões é 1 em 11.500.000. Ou seja, é uma situação impossível, correto? Errado, pois sua experiência recente mostra outra coisa.

Afinal, o que vai ficar mais evidente em sua mente? Uma estatística, ou uma imagem de um tubarão com a boca aberta?

De repente, construir um castelo de areia na praia pode parecer mais interessante do que dar um mergulho.

Esse exemplo de ataques de tubarão mostra o poder da informação recente ou dramática em nossas escolhas. Nisso consiste o viés de disponibilidade. Quando temos informações recentes ou de natureza dramática que influenciam nossa perspectiva financeira a respeito de um dado momento ou

Figura 1.3.2 Tubarão com a boca aberta.

situação, tendemos a agir baseados nela e não nas reais probabilidades de um evento se materializar, criando um viés comportamental. Inclinamos mais para a forma como nos sentimos em relação a um evento do que para uma análise racional dos fatos.

Um exemplo de viés de disponibilidade no mercado financeiro ocorreu durante a crise imobiliária americana de 2008, um grande desastre, com queda de 34% do índice Dow Jones. Contudo, poucos investidores se deram conta de que a bolsa teve alta de 27% em 2009, no ano consecutivo.

Alguns acham que o ano de 2009 foi ruim ou péssimo e procuraram opções seguras, influenciados por suas perdas recentes de 2008.

ANCORAGEM (*ANCHORING*)

O efeito de ancoragem ou ajuste é um viés cognitivo que descreve a tendência humana comum de confiar mais na primeira informação oferecida (a "âncora") ao tomar decisões. Durante a tomada de decisão, a ancoragem ocorre quando os indivíduos usam uma informação inicial para fazer julgamentos subsequentes.

Usamos ancoragem toda vez que tomamos um dado ponto de referência para estimar o valor de um ativo.

Um exemplo de ancoragem é a sua utilização como técnica de vendas. Um vendedor de carros usados (ou qualquer vendedor), muitas vezes, oferecerá um preço muito alto para iniciar negociações que estejam bem acima do valor justo. Isso porque o preço alto é uma âncora, o preço final tenderá a ser maior do que se o vendedor de carros tivesse oferecido um preço justo ou baixo para começar.

O evento *Black Friday* é outro exemplo usado nas vendas com o efeito da ancoragem em seus consumidores. A noção de que algo está barato não se deve ao valor justo do produto, mas, sim, à ancoragem ao preço original descrito pelo vendedor.

Uma técnica semelhante pode ser aplicada nas negociações de contratação, quando um gerente de contratação ou contratação prospectiva propõe um salário inicial. Qualquer das partes pode então empurrar a discussão em relação a esse ponto de partida, na esperança de alcançar uma quantidade agradável que foi derivada da âncora.

Em finanças, o resultado de um modelo de precificação ou de uma ferramenta de previsão econômica pode se tornar a âncora para um analista, quando precificando um ativo financeiro como o preço de uma ação ou de um título.

Para um trabalhador que recebe um salário, a referência de quanto os outros ganham determinará seu nível de satisfação com a sua renda. Nas palavras do jornalista e crítico H. L. Mencken, *"Um homem rico é aquele que ganha $ 100 por ano a mais do que o marido da irmã de sua esposa"*. A nossa percepção de riqueza e pobreza, fartura ou escassez é absolutamente relativa ao contexto no qual estamos e à referência a qual nos comparamos.

EFEITO MOLDURA (*FRAMING EFFECT*)

Este é um viés cognitivo em que as pessoas reagem de maneiras diferentes para uma mesma escolha, dependendo da forma como esta é apresentada a elas. Por isso, dependendo se a interpretação for positiva ou negativa para determinada escolha, a reação das pessoas pode diferir. Assim, o enquadramento pode desempenhar um papel crucial na influência das decisões diárias das pessoas. Muitos veem a aplicação do efeito moldura na política, em que se argumenta sobre certas ideologias de maneira a exercer uma influência positiva nas decisões das pessoas, levando-as a enquadrarem suas escolhas em uma direção que lhes pareça favorável.

Uma moldura limita o que podemos ver ou não. Caso você mude a moldura, alterará a impressão que ela nos causa. Por esse fato, a moldura exerce uma influência poderosa na forma que pensamos e percebemos o mundo à nossa volta. O efeito moldura, todavia, pode ser prejudicial, permitindo-nos deixar passar relevantes brancos sem que percebamos.

O efeito moldura faz parte do desenvolvimento de Tversky e Kahneman da teoria dos prospectos (Prospect Theory). Nos seus experimentos, moldavam apostas com base na percepção de perdas ou ganhos (Kahneman & Tversky, 1979). Foram identificados diferentes tipos de abordagens de enquadramento, incluindo:

Fundamentos do coaching financeiro

- **Enquadramento de escolha de risco:** por exemplo, o risco de perder 10 de 100 vidas *versus* a oportunidade de salvar 90 em 100 vidas.
- **Enquadramento de atributos:** por exemplo, carne bovina que é 95% magra *versus* 5% de gordura.
- **Enquadramento de metas**, cuja ideia central é que as metas governem ou "moldurem" o que as pessoas buscam, considerando quais conhecimentos e atitudes se tornam cognitivamente mais acessíveis, como as pessoas avaliam os vários aspectos de uma situação, e quais alternativas estão sendo consideradas. Por exemplo, o que motivaria mais as pessoas? Oferecer uma recompensa de $ 5, ou evitar uma penalização de $ 5 (Levin, Schneider e Gaeth, 1998)?

Ainda sobre o enquadramento de metas é possível subdividi-las em três tipos:

- **Meta hedônica:** foco em resultados que nos fazem sentir melhor agora.
- **Meta de ganho:** foco em proteger e melhorar nossos recursos.
- **Meta normativa:** foco em agir adequadamente.

Quando uma meta é ativada e torna-se o foco, esta influenciará o que pensamos no momento em que informações são apresentadas, quais alternativas de ação serão consideradas e como agiremos.

EXCESSO DE CONFIANÇA E OTIMISMO (*OVERCONFIDENCE*)

O excesso de confiança refere-se a uma perspectiva distorcida da realidade. Acontece toda vez que você superavalia seus valores, opiniões, crenças ou habilidades, tendo mais confiança do que deveria diante de uma situação objetiva.

É comum a uma pessoa que apresente um excesso de confiança que parta da suposição de que é melhor do que os outros e, portanto, imune a determinados eventos. Dessa forma não estabelece limites, não toma as devidas precauções, não investe em preparo, ou ainda, em reciclar e aprimorar seus conhecimentos e habilidades em determinado campo, não consulta outros e aprende na diversidade de opiniões, e assim por diante.

Alguns exemplos de excesso de confiança incluem:

- Uma pessoa que pensa que seu senso de direção é muito melhor do que realmente é. A pessoa poderia mostrar seu excesso de confiança fazendo uma longa viagem sem um mapa ou GPS e se recusando a pedir direção caso se perdesse ao longo do caminho.

- Uma pessoa que pensa que é muito mais inteligente do que realmente é. Essa poderia mostrar sua superioridade não estudando para seus testes e terminando com notas inferiores as que poderia ter obtido, caso agisse de outra forma.

- Alguém que pensa que é insubstituível ao seu empregador quando, na verdade, qualquer um que poderia realmente fazer o seu trabalho. A pessoa poderia exibir seu excesso de confiança chegando atrasada para trabalhar, pois pensa que nunca será demitida, ou ainda sendo excessivamente exigente sobre um aumento salarial e ameaçado abandonar seu emprego caso não obtenha as coisas de sua maneira.

- Uma pessoa que pensa que seu cônjuge ou parceiro nunca o deixaria porque ele ou ela o ama demasiadamente. Assim, essa pessoa poderia tirar proveito de seu cônjuge ou parceiro devido ao seu excesso de confiança, causando que este se afaste.

- Um indivíduo que pensa que é um grande lutador e desafia alguém que é um lutador excepcional para uma disputa. Este indivíduo, por causa de seu excesso de confiança, pode terminar sofrendo uma terrível derrota.

- Se você já assistiu um destes programas de talento musical como "American Idol" ou "The Voice", entre outros, notou como o excesso de confiança de alguém que não apresenta nenhum talento ou vocação musical pode lhe custar um constrangimento público na frente de milhares ou milhões de pessoas.

- Alguém que está convencido de que é qualificado para entrar em Harvard e por isso apenas se aplica para Harvard. Caso não seja aceito nessa universidade, seu excesso de confiança lhe custou não apenas não estudar em Harvard, mas também em qualquer outra instituição.

- Uma pessoa que nunca se dedicou a um preparo físico rigoroso, mas demonstra um excesso de confiança em sua habilidade atlética para competir no *Iron Man*. Seu excesso de confiança pode causar piadas por não conseguir ser um bom *performer*, e inclusive ter implicações sérias de saúde.

- Um candidato à presidência da República que demonstra um excesso de confiança para ganhar as eleições e, por isso, não dá a devida importância a uma campanha agressiva, podendo acabar perdendo a eleição.

Fundamentos do coaching financeiro

CONTABILIDADE MENTAL (*MENTAL ACCOUNTING*)
Consiste na ideia de que as pessoas separam mentalmente seu dinheiro em contas distintas e intransferíveis. Cada conta tem uma utilidade e finalidade que condiciona o comportamento e leva a pessoa a tratar o seu dinheiro de maneira diferente de acordo com seu grupo.

A Contabilidade Mental é um conceito econômico originalmente nomeado pelo economista Richard Thaler em 1980. Thaler descreve a Contabilidade Mental como um processo de codificação do dinheiro em nossa mente, no qual o categorizamos e o avaliamos atribuindo os pesos econômicos diferentes. Por isso, a Contabilidade Mental nos causa a agir baseados em um viés cognitivo e muitas vezes de maneira ilógica.

Uma aplicação detalhada da Contabilidade Mental estaria na "hipótese do ciclo de vida comportamental" (Shefrin & Thaler, 1988), no qual as pessoas molduram mentalmente o seu dinheiro e sua riqueza ou como **rendimento atual** ou **rendimento futuro**, como se fossem contas distintas e, para cada conta, há uma utilidade e uma forma diferente de consumo e uso monetário.

Por exemplo, imagine uma situação na qual uma pessoa tivesse R$ 10 mil aplicado em poupança com rendimento anual de 7% e ao mesmo tempo uma dívida no cartão de crédito também de R$ 10 mil com juros anuais de 60%aa.

Vamos supor que o primeiro fundo, a aplicação, é codificada como rendimento futuro, que será um dia utilizado para aposentadoria ou para pagar a faculdade dos filhos. Já a dívida do cartão de crédito é codificada como rendimento presente e, portanto, as duas contas não se misturam, fazendo com que o patrimônio líquido individual dessa pessoa seja corroído gradativamente.

O viés da Contabilidade Mental traz alguns dilemas clássicos, a saber:

- **O dilema das contas diferentes:** quando tratamos o valor do dinheiro de maneira diferente pela conta mental onde ele se encontra.

- **O dilema de fontes diferentes:** outro aspecto da Contabilidade Mental é que pessoas também tratam o dinheiro diferente dependendo de sua fonte. Por exemplo, pessoas gastariam mais liberalmente um dinheiro achado, ou proveniente de restituição de imposto, ou ainda um bônus ou um presente inesperado, se comparado a um dinheiro proveniente de seu salário que lhe custou sacrifícios. Isso representa outra instância de como a Contabilidade Mental pode causar o uso ilógico do dinheiro.

- **O dilema da forma de desembolso:** pessoas apresentam menos tendência a desembolsar um valor por uma mercadoria se estiverem pagando em dinheiro, comparativamente a um pagamento no cartão de crédito.

Segundo Shefin & Thaler (1988), pessoas que apostam tendem a fazer apostas maiores quando pagam no cartão de crédito do que se utilizassem o dinheiro. Isso mostra como as pessoas utilizam a Contabilidade Mental para tratar dinheiro como se não fosse o mesmo na forma de cartão de crédito ou de dinheiro.

Outro fator de influência comportamental é a atribuição emocional que damos a cada centavo que adquirimos e qual destino queremos lhe dar.

Aqui, entra a representação que o dinheiro tem para cada um de nós. Dizemos que esse dinheiro é para minha casa dos sonhos, ou para aquela viagem tão esperada, ou para investir nos meus filhos, e assim por diante.

Quando parte do nosso dinheiro ganha rótulos e é associado a valores, sonhos, desejos, ele passa a ser codificado e considerado importante demais para ser mexido.

1.3.2 O dinheiro e os seus mitos

Muitos de nós já ouvimos mitos sobre dinheiro, ideias que se tornaram crenças populares e dizeres que expressam certa mentalidade sobre o dinheiro e o seu uso. Por exemplo, "um centavo economizado é um centavo ganho". Ou "uma casa é um ótimo investimento". Ou ainda, "o dinheiro não cresce em árvores". Esta é clássica: "Nesta casa você encontra de tudo, menos dinheiro".

Se mitos sempre serão mitos, por que este assunto neste livro? O motivo de trazer esse assunto é em razão do papel e da influência que os mitos exercem em nossa forma de pensar, agir e usar o dinheiro. Logo na introdução deste livro, disse que a prosperidade financeira não começa na sua conta bancária, mas na sua mente. Por isso, saber o que você acredita faz absoluta diferença. São esses mesmos mitos financeiros, aparentemente inofensivos, que muitas vezes nos conduzem a atitudes sabotadoras, baseadas em uma ideologia sobre o dinheiro, a economia e o investimento.

Mesmo declarações materialmente verdadeiras expressam ideologias e crenças ocultas que carregamos, tal como "o dinheiro não cresce em árvores", exprimindo, na verdade, sua crença de escassez financeira e causando um efeito negativo na forma como olhamos o dinheiro. Nas palavras do autor do livro *A Regra 10X* (*The 10X Rule*), Grant Cardone (2011): "... *o conceito de que o dinheiro é escasso simplesmente não é verdade. Há apenas a escassez de pessoas indo atrás do dinheiro com coragem e a atitude certa*".

Parte da formação da atitude certa é saber o que é verdadeiro e o que é falso sobre o dinheiro. Para ajudá-lo nessa tarefa, aqui estão os três mitos mais difundidos sobre o dinheiro:

Fundamentos do coaching financeiro

MITO 1: DINHEIRO É ASSUNTO DE GENTE GANANCIOSA

A culpa é um dos principais motivos para muitos nem chegarem perto de um livro como este. Afinal, "falar de prosperidade e riqueza é assunto de gente gananciosa e mesquinha."

Como herança cultural, religiosa e educacional, muitas pessoas sentem-se culpadas pelo desejo de prosperidade ou enriquecimento, fazendo do assunto dinheiro um grande tabu!

O fato é que, independentemente da importância que o dinheiro tenha para cada um, ele é viabilizador! Ele afeta basicamente tudo o que fazemos na vida, afeta nossos relacionamentos, nossos projetos, nosso tempo, portanto, desenvolver um relacionamento saudável e sustentável com dinheiro é uma sabedoria de grande valor.

O oposto da obsessão financeira é a negligência financeira. Os extremos causam uma série de disfunções em nossas vidas, no caso deste último, observamos as seguintes estatísticas:

- **Fato 1:** Dois terços dos americanos, teriam dificuldade em arrecadar $ 1.000 para uma emergência, de acordo com *The Associated Press-NORC Center for Public Affairs Research*.
- **Fato 2:** Apenas 24% dos milênios demonstram alfabetização financeira básica, de acordo com um estudo do *National Endowment for Financial Education*.
- **Fato 3:** 50-67% da renda total de uma pessoa de classe média entre 20 e 65 anos vai para pagamento de juros, de acordo com um estudo apresentado pelo *National Endowment for Financial Education*.
- **Fato 4:** Quase um terço de adultos com cartão de crédito paga somente o saldo mínimo no vencimento, de acordo com o *FINRA's National Financial Capability Study*.
- **Fato 5:** Cerca de 77 milhões de americanos, ou 35% dos adultos com histórico de crédito, têm dívidas em cobrança, de acordo com o *Urban Institute*.

MITO 2: O DINHEIRO TRAZ FELICIDADE

Qual é a real relação entre dinheiro e felicidade? A suposição de que quanto mais dinheiro se tem mais felicidade se encontra é mais mito do que fato, alimentado por anúncios fantasiosos que assistimos na TV, que sugerem uma vida realizada por consumirmos o produto A, B ou C.

Uma pesquisa conduzida pelo professor Andrew Jebb do Departamento de Psicologia da Purdue University descobriu que o aumento de riqueza afeta os níveis de felicidade até uma faixa de rendimento de $ 75 mil dólares por ano (aproximadamente 22 mil reais por mês). A partir dessa cifra, os níveis

29

de felicidade sofrem uma queda. O motivo apontado está relacionado com o papel do dinheiro de atender às necessidades básicas como as conveniências de compra e talvez até mesmo quitação de empréstimos, mas até certo ponto. Depois que o ponto ideal de necessidades é atendido, as pessoas podem ser movidas por desejos como buscar mais ganhos materiais e se engajar em comparações sociais, o que poderia, ironicamente, reduzir o bem-estar.

Esse estudo analisou a renda estática e níveis de felicidade em mais de 1,7 milhão de pessoas em diversos países. Foi concluído ainda que, embora um aumento salarial provoque um aumento imediato e significativo na felicidade, o efeito desaparece após cerca de dois anos, e o indivíduo retorna ao nível inicial de felicidade.

O que esse estudo mostra é que o nível de renda representa uma porcentagem muito pequena da felicidade de uma pessoa. É possível que Warren Buffet, Jeff Bezoz e Mark Zuckerberg não sejam mais felizes que o dono do posto de gasolina da esquina da sua casa. Fica evidente que os nossos pressupostos culturais sobre a relação entre dinheiro e felicidade exageram amplamente o impacto do dinheiro na felicidade.

MITO 3: O RICO CONTINUA RICO E O POBRE CONTINUA POBRE
A maioria das pessoas ricas não fica rica para sempre.

Cerca de 7 em 10 famílias (70%) ricas perdem sua fortuna pela segunda geração, de acordo com um estudo de mais de 3.200 famílias de alto patrimônio líquido feito pela consultoria de riqueza *Williams Group*. Na terceira geração, esse número saltou para 90%.

Não é quanto você tem, mas como você usa que produz riqueza na sua vida.

Mike Tyson, Francis Coppola (diretor do filme "O Poderoso Chefão") e a atriz Kim Basinger foram multimilionários que não souberam usar o dinheiro.

Não importa qual o seu *status* econômico, o fato é que ele poderá mudar para cima ou para baixo de acordo com a mentalidade que cultivar.

A maioria dos indivíduos se torna independente financeiramente por uma destas quatro maneiras:

- Vive em um padrão de vida abaixo do que ganha (economizou mais do que gastou).
- Expande seus rendimentos (soube fazer bons investimento e multiplicar seus ganhos).

Fundamentos do coaching financeiro

- Fez os dois anteriores (economizou e multiplicou sua renda).
- Herdou seu dinheiro.

  É natural que aqueles que herdam seu dinheiro ou aqueles a quem o dinheiro vem com pouco esforço tendem a ser mais irresponsáveis com o uso do seu patrimônio. Os que perdem dinheiro, geralmente, perdem por quatro motivos centrais:

- Gastam com extravagância, acima do padrão econômico. Corroem seu patrimônio mais rápido do que são capazes de repor.
- Não se interessam por detalhes da sua vida financeira e deixam seu dinheiro ser corroído por tarifas, taxas e custos desnecessários.
- Colocam todos os seus ovos em uma única cesta.

  Muitos enriqueceram por cultivar duas a três fontes diferentes de rendimento. Isso é estratégico. Assim, quando uma dessas fontes sofre uma reviravolta, as outras vêm ao socorro. Todavia, na hora de investir, amarram todos os seus ativos em um mesmo lugar, como imóveis ou nos seus negócios, dois exemplos de investimentos com baixa liquidez.

- Não planejam o futuro de maneira realista. Os três grandes erros nesta categoria incluem: falta de planejamento de aposentadoria adequada, falta de planejamento imobiliário adequado, não ter testamento atualizado.

1.3.3 Da mentalidade de consumidor para investidor

Se a técnica mãe da aprendizagem é a repetição, preciso repetir que riqueza começa na sua mente. Refiro-me agora a migrar de uma mentalidade de consumidor para uma mentalidade de investidor.

Se a visão predominante que tem de si próprio(a) é de um(a) grande gastador(a) de dinheiro, quero encorajá-lo(a) a começar essa leitura desafiando este pensamento ao seu respeito. Mais do que isso, adote estratégias de multiplicação e aceleração do crescimento do seu patrimônio.

Use a Tabela 1.3.3 e compare a seguir a diferença entre a mentalidade e os resultados de um estilo consumidor mediano e de um investidor, e faça do "Jogo do Milhão" um jogo vencível.

Tabela 1.3.3 Contraste da realidade do consumidor e do investidor

CONSUMIDOR	INVESTIDOR
O dinheiro é mestre	O dinheiro é servo
80% do que se paga é juros	80% do que se ganha vem de juros (ou renda passiva)
Foco na provisão	Foco na visão
Administra o dinheiro (quando muito)	Multiplica o dinheiro
Descontente com o que tem	Desfruta de contentamento baseado em quem é e não no que tem
Prisão no débitos	Independência financeira
A ideia de ser milionário, só pela loteria	"O Milhão" é um jogo vencível

2

COMO ESTOU ME SAINDO EM RELAÇÃO AO DINHEIRO? (EA)

"O insight de um momento às vezes vale mais do que uma experiência de vida".

Oliver Wendell Holmes, Sr.

- Como você definiria sua vida financeira hoje?
- Quanto aos seus resultados financeiros obtidos até hoje, qual é o seu nível de satisfação de 0 a 10?
- Como você descreveria o seu mapa financeiro?

2.1 Como estou me saindo em relação ao dinheiro?

A jornada no Coaching Financeiro começa com um claro senso de realidade.

Você tem o poder de decidir como irá usar o seu dinheiro, mas para isso precisa primeiro adquirir uma clara consciência de como você o tem usado hoje. Os *insights*, as reflexões e a conscientização promovidos nesta etapa o ajudará a saber o que precisa mudar.

IDENTIFIQUE SUAS AUTOMATIZAÇÕES

Automatizações são decisões que tomamos no piloto automático, ou seja, sem pensar. O benefício das automatizações é que estas simplificam a complexidade de processar decisões cotidianas em nossas vidas. Todavia, as automatizações estão ligadas a dois problemas: o primeiro são as automatizações sabotadoras (aquelas que destroem valor) e foram aprendidas observando o exemplo de outras pessoas ou mesmo a falta destes. O segundo problema ligado às automatizações é que acabamos perdendo o contato com a realidade. Geralmente, pressupõe-se que a realidade é uma coisa e descobre-se outra ao verificar-se com atenção.

MAPEIE SEUS RENDIMENTOS E CUSTO DE VIDA

Já teve aquela sensação de olhar para sua conta bancária e achar que alguma coisa estava errada? Afinal, para onde foi todo o dinheiro? Ainda que você tenha uma excelente memória, é muito provável que não consiga manter registro de tudo o que acontece nas suas finanças de cabeça. Há inúmeros *apps* que você pode baixar no seu *smartphone* para ajudá-lo a manter seus números em dia. O quanto você sabe responder sobre sua vida financeira na ponta da língua?

Como estou me saindo em relação ao dinheiro? (EA)

Jogo rápido: Leia a pergunta e responda em até 5 segundos.
Qual é o seu rendimento líquido por mês?
 Qual é o custo médio do seu padrão de vida?
 Em quanto está estimado o seu Patrimônio Líquido (todos os seus bens subtraídos por suas dívidas que você tem acumulado hoje)?

Muitas pessoas não sabem responder a esta pergunta com precisão, ou ainda subestimam o verdadeiro montante de despesas, especialmente por não considerarem as despesas excepcionais ou que não têm frequência mensal.

Alguns exemplos típicos: assinaturas de revista, academia, impostos sazonais, manutenção doméstica, medicamentos (lentes de contato), serviços esporádicos (limpeza de caixa d'água, jardinagem, táxi), serviços com animais de estimação, aniversários, recepções, casamentos, chá de bebê, fazer as unhas, colorir o cabelo, aula de dança, cinema com pipoca, troca de óleo do carro, pilhas para lanterna, custo de Natal.

Escreva a seguir qual desses itens ou outro que lhe ocorreu que não tem o hábito de registrar em seus controles.

SEJA HONESTO CONSIGO MESMO

O objetivo desta etapa não é se impressionar ou impressionar os outros, mas fazer contato com o seu dinheiro e entender o que vem acontecendo nos últimos meses ou anos da sua vida. É um processo de descobertas, revelações, aprofundamento, detalhamento e análise de causas e suas raízes. Seu objetivo nesta etapa é aumentar o seu nível de autoconsciência, sua relação com o dinheiro, os resultados dessa relação e o real estado no qual as coisas se encontram hoje. Quanto mais específico você for, melhor. Chegue a números que representem essa realidade.

Se você não sabe como fazer isso, não se preocupe. Este livro lhe dará todas as ferramentas de que você precisa.

Autoconsciência
É produto do foco, da atenção, concentração e clareza. No coaching, pretende-se aumentar quantidade (fatos) e qualidade (relevância) do nível de consciência.

A autoconsciência é um promotor de mudanças, uma vez que só posso controlar aquilo de que tenho consciência; já aquilo que é inconsciente me controla. Portanto, autoconsciência me empodera.

DEFINA SEU PONTO DE PARTIDA

Como você responderia à pergunta: "É possível uma pessoa comum viver seu sonho financeiro?"

Segundo Patti Dobrowolski, uma *TEDx Speaker* e consultora de metas criativas, de cada 10 pessoas que desejam mudança em suas vidas, apenas uma realmente muda. Mesmo se estiver enfrentando uma doença fatal.

Ainda nessa linha de pensamento, o Professor Emérito da Virgina Tech, Dave Kohl, afirma por meio de suas pesquisas que pessoas que escrevem regularmente suas metas alcançam nove vezes mais resultados do que as que não escrevem.

No Coaching Financeiro, nós estimulamos que se coloque no papel (planilha ou *app*) o que está na sua mente. Começamos definindo um ponto de partida, chamado no coaching de estado atual, que descreverá com clareza a realidade financeira na qual se encontra. Em seguida, define-se um destino financeiro, chamado no coaching de estado desejado.

Esse ponto de partida e ponto de chegada cria um *Road Map*, que pode ser visualizado na Figura 2.1.

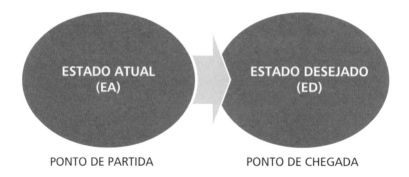

Fonte: coaching4.com

Figura 2.1 *Road Map.*

Para conduzir um diagnóstico completo da sua vida financeira, vamos apresentar um roteiro de análise em três etapas. Se você é coach, poderá aplicá-la em suas sessões com o seu coachee, conforme representado na Figura 2.2:

Como estou me saindo em relação ao dinheiro? (EA)

Figura 2.2 Roteiro de análise em três etapas.

- **Inventário do Dinheiro** é uma ferramenta de diagnóstico técnico focada no **resultado financeiro**, a partir do seu orçamento, hábitos de consumo e uso do dinheiro.
- **Sintomas de Disfunções Financeiras** trata-se de uma ferramenta de diagnóstico comportamental, focada na **mentalidade** que vem sendo cultivada e no relacionamento desenvolvido com o dinheiro.
- **Mapa de Equilíbrio Financeiro (MEF)** é uma ferramenta de diagnóstico sistêmico focada no **equilíbrio financeiro** que revela as áreas de progresso na vida financeira pessoal e as áreas estagnadas.

2.2 Inventário do dinheiro

QUANTO VOCÊ ESTÁ GASTANDO POR MÊS?

Você precisa saber a verdade sobre seu dinheiro. Essa é a forma de voltar a assumir o controle que foi perdido sobre o dinheiro. O **Inventário do Dinheiro** é uma ferramenta completa para entrar em contato com sua realidade financeira. Ele não só mostrará com clareza sua realidade, como lhe ajudará a fazer as primeiras correções.

Passo 1 – Quanto você está gastando por mês?

Vamos começar listando seus gastos em um ano típico. O Quadro 2.2a – Quanto estou gastando por mês? é um exercício que o ajudará a listar todos os gastos.

Esse exercício é mais bem aplicado com informações financeiras do último ano em mãos (extratos, faturas de cartão, controle de cheques emitidos etc.). Esses documentos são mais precisos que sua memória ou até mesmo um diário de gastos mensais, pois contêm a verdade completa sobre os seus gastos. Tudo pronto? Preencha o Quadro 2.2a a seguir e comece seu Inventário do Dinheiro. Essa atividade leva em torno de 30 a 60 minutos, de acordo com a disponibilidade das informações.

Quadro 2.2a Quanto estou gastando por mês?

CATEGORIAS	ONDE ENCONTRO ESTA INFORMAÇÃO?	Jan.	Fev.	Mar.	Abr.	Maio	Jun.	Jul.	Ago.	Set.	Out.	Nov.	Dez.	Resultado Anual	Média Mensal (divida o total anual por 12)
QUANTO ESTOU GASTANDO POR MÊS?															
Financiamento Residencial/Aluguel	Contrato de Financiamento ou Aluguel														
IPTU/Impostos de Propriedade	Carnê Anual de IPTU ou Imposto Predial														
Taxa de Condomínio/Manutenção Doméstica	Boleto de Condomínio, Recibos de Material de Construção														
Seguro Residencial	Contrato e Apólice de Seguro														
Gás	Conta de Gás ou Recibo de Compra														
Eletricidade	Conta de Luz														
Água e Esgoto	Conta de Água e Esgoto														
Taxa de Lixo	Carnê de Taxa de Lixo (em alguns Municípios)														
Telefone Fixo	Boleto Bancário														
Celulares	Boleto Bancário														
Serviços de Alarme e Segurança	Boleto Bancário ou Recibo de Pagamento														
Diarista/Doméstica/Cozinheira/Babysitter	Recibo de Pagamento, Extrato Bancário, Cheque														
Jardinagem/Limpezas Domésticas Especiais	Recibos, Extratos, Cheque, Fatura de Cartão														
Limpeza de Piscina/Lareira/Churrasqueira etc.	Recibos, Extratos, Cheque, Fatura de Cartão														
Supermercado	Recibos, Extratos, Cheque, Fatura de Cartão														

Como estou me saindo em relação ao dinheiro? (EA)

		QUANTO ESTOU GASTANDO POR MÊS?													
CATEGORIAS	ONDE ENCONTRO ESTA INFORMAÇÃO?	Jan.	Fev.	Mar.	Abr.	Maio	Jun.	Jul.	Ago.	Set.	Out.	Nov.	Dez.	Resultado Anual	Média Mensal (divida o total anual por 12)
Padaria/ Hortifrúti/Feira/ Açougue	Recibos, Extratos, Cheque, Fatura de Cartão														
Restaurante/ Bares/Pizza etc.	Recibos, Extratos, Cheque, Fatura de Cartão														
Plano Médico/ Odonto	Boleto														
Despesas Médicas e Farmácia	Recibos														
Veterinário/Pet Shop	Recibos, Extratos, Cheque, Fatura de Cartão														
Financiamento de Carro/ Aluguel/Táxi	Contrato, Extratos, Recibos														
Outros Serviços de Transporte (ônibus, metrô etc.)	Recibos, Extratos, Controles Pessoais (Média)														
IPVA/Seguro Obrigatório/ Licenciamento	Boleto IPVA														
Seguro de Automóvel	Apólice e Extratos														
Manutenção de Automóvel (óleo, pneu etc.)	Recibos, Extratos, Cheque, Fatura de Cartão														
Combustível	Recibos, Extratos, Cheque, Fatura de Cartão														
Estacionamento/ Pedágios	Recibos, Extratos, Cheque, Fatura de Cartão														
Roupas/Sapatos/ Bolsas	Recibos, Extratos, Cheque, Fatura de Cartão														
Serviço de Lavanderia	Recibos, Extratos, Cheque, Fatura de Cartão														
Joias/Relógios/ Brinquedos/ Eletrônicos etc.	Recibos, Extratos, Cheque, Fatura de Cartão														
Compras Virtuais *Smartphones* (*Apps*)	Fatura Cartão														
Salão de Beleza (cabelo, unhas, maquiagem etc.)	Recibos, Extratos, Cheque, Fatura de Cartão														

2 — Coaching financeiro | Marion

QUANTO ESTOU GASTANDO POR MÊS?

CATEGORIAS	ONDE ENCONTRO ESTA INFORMAÇÃO?	Jan.	Fev.	Mar.	Abr.	Maio	Jun.	Jul.	Ago.	Set.	Out.	Nov.	Dez.	Resultado Anual	Média Mensal (divida o total anual por 12)
Escola/ Faculdade/ Cursos	Fatura, Recibos, Boletos Contratos														
Academia/ Esportes/ Nutricionista/ Pilates etc.	Recibos, Extratos, Cheque, Fatura de Cartão														
Psicólogo/Fono/ Fisioterapeuta/ Coach etc.	Recibos, Extratos, Cheque, Fatura de Cartão														
Serviços Profissionais (contador, advogado etc.)	Recibos, Extratos, Cheque, Fatura de Cartão														
Tarifas Bancárias e Imposto Financeiro	Extrato Bancário/ Cesta Tarifa														
Imposto de Renda	Declaração Anual														
Computadores e Manutenção	Recibos, Extratos, Cheque, Fatura de Cartão														
Cartão de Crédito e Empréstimos	Fatura de Cartão, Contrato, Extrato														
Conselhos Profissionais e Sindicatos	Faturas, Boletos, Descontos Contracheque														
Livros e Assinaturas de Revista/Jornais etc.	Recibos, Extratos, Cheque, Fatura de Cartão														
TV e Internet (compra e locação de filmes/música)	Fatura														
Cinema/Tetaro/ Casa Noturna etc.	Recibos, Extratos, Cheque, Fatura de Cartão														
Férias/Viagens/ Eventos/Hobbies etc.	Recibos, Extratos, Cheque, Fatura de Cartão														
Dízimos/Ofertas	Comprovantes, Controles pessoais														
Doações e Contribuições	Comprovantes, Controles pessoais														
Presentes (casamento/ aniversário etc.)	Recibos, Extratos, Cheque, Fatura de Cartão														
Loteria	Recibos e Comprovantes														

Como estou me saindo em relação ao dinheiro? (EA)

QUANTO ESTOU GASTANDO POR MÊS?																
CATEGORIAS	ONDE ENCONTRO ESTA INFORMAÇÃO?	Jan.	Fev.	Mar.	Abr.	Maio	Jun.	Jul.	Ago.	Set.	Out.	Nov.	Dez.	Resultado Anual	Média Mensal (divida o total anual por 12)
Cigarros, Charutos, Bebidas	Recibos, Extratos, Cheque, Fatura de Cartão														
Miscelânea	Diversos														
		TOTAL DE GASTOS MÉDIOS MENSAIS REAIS												R$	

Uma vez que preencheu os dados, poderá identificar com precisão seus gastos anuais e a média mensal de gastos.

Compare agora a diferença entre o que estimava que eram suas despesas e o que realmente constatou pela análise detalhada que fez.

Quadro 2.2b Variação de despesas estimada e real

DESPESA MÉDIA MENSAL (REAL) (–)	R$
DESPESA MÉDIA MENSAL (ESTIMADA)	R$
VARIAÇÃO (Déficit ou Superávit Mensal)	R$

Essa diferença foi uma surpresa para você?

Na média, as pessoas descobrem que suas despesas são de R$ 500 a R$ 1.500 maiores do que estimaram.

Passo 2 – Quanto de dinheiro está entrando por mês?

Use o Quadro 2.2c – Rendimentos e escreva todas as suas entradas e fontes de rendimento. Considere as entradas dos últimos anos e certifique-se se essa entrada continuará no próximo ano.

Quadro 2.2c Rendimentos

RENDIMENTOS			
Fontes	Total Anual (últimos 12 meses)	Média Mensal
Salário Líquido (descontado impostos e contribuições)		
Consultorias/Coaching/Treinamentos etc.		
Pró-labore		
Comissões/Bônus/PLR		
Aposentadoria/Invalidez/Licenças do INSS		
Direitos Autorais/Marcas e Patentes etc.		
Pensão		
Rendimentos de Juros (Títulos/CDBs/Fundos)		
Rendimentos de Dividendos		
Ganhos por Valorização de Ativos Financeiros		
Rendimentos de Aluguéis		
Presentes em Dinheiro/Heranças/Oferta etc.		
Recebimento de Empréstimo Cedido		
Restituição de Impostos (IR/NF paulista etc.)		
Outros		
TOTAL	R$	R$

Passo 3 – Qual é o seu saldo médio mensal?

Agora, compare a diferença entre o que realmente ganha e o que realmente gasta e descubra seu resultado médio mensal do último ano.

Como estou me saindo em relação ao dinheiro? (EA)

Quadro 2.2d Variação de rendimento médio e despesa média

DESPESA MÉDIA MENSAL (REAL) (–)	R$
DESPESA MÉDIA MENSAL (REAL)	R$
VARIAÇÃO (Déficit ou Superávit Mensal)	R$

Ao saber exatamente onde está, você pode começar a pensar em como agir. Se você observou um superávit, está pronto para continuar os próximos passos. Se notou um déficit, é importante continuar no Passo 4.

Passo 4 – Quais ações corretivas decide tomar para corrigir seu orçamento?

Preencha a seguir o seu déficit anual (déficit mensal × 12 meses):

Ao pensar em ações corretivas, considere os dois grupos de alternativa possíveis:

- Aumentar seus rendimentos.
- Redefinir quanto irá gastar em cada categoria.

Ao redefinir o quanto vai gastar em cada categoria, tenha em mente que não se trata de criar limitações, mas, sim, de redefinir prioridades de onde quer investir seu dinheiro, com base nas coisas mais importantes para você e sua família.

Lembre-se de que o corte orçamentário irrealista é como uma dieta irrealista. Não funciona! Criar um orçamento realista significa fazer escolhas sábias e criativas.

Descubra como você pode ser criativo nos seus gastos, enxugando seu orçamento sem cortes radicais em diferentes categorias. Assinale algumas alternativas a seguir que o ajudariam a colocar suas contas em dia.

( ) Fazer mais refeições em casa.
( ) Comprar um carro seminovo e reduzir custos de seguro e IPVA.
( ) Fazer um rodízio de caronas para o trabalho.
( ) Trocar música e jogos com amigos ao invés de comprar novos.
( ) Fazer seu IR ao invés de pagar um contador ou treinar na academia sem um *personal trainer*.
( ) Fazer suas unhas.
( ) Comprar medicamentos genéricos.
( ) Outros _____.

Escreva no Quadro 2.2e três ações corretivas imediatas que você pode implementar.

Quadro 2.2e Ações corretivas

Ação corretiva 1: _____
Ação corretiva 2: _____
Ação corretiva 3: _____

Passo 5 – Como será seu novo orçamento?

Estabeleça um novo orçamento anual baseado em novos hábitos. Ao redefinir o seu novo orçamento, olhe seus gastos de uma perspectiva anual, pois isso o ajudará a compreender o impacto que cada despesa tem no seu orçamento. Exemplo: se você tinge seu cabelo a cabelo a cada 8 semanas, calcule quanto economizaria fazendo a cada 9 semanas. Existe alguma assinatura de revista que consiga viver sem? Consegue ter duas idas ao cinema ao invés de três todo mês?

Como estou me saindo em relação ao dinheiro? (EA)

Quadro 2.2f Novas escolhas de uso do meu dinheiro

\multicolumn{5}{c}{NOVAS ESCOLHAS DE USO DO MEU DINHEIRO}
Categoria	Orçamento atual (anual)	Novo orçamento (anual)	Ganhos (anual)	Novos hábitos
TOTAL	R$	R$	R$	

2.3 Sintomas de disfunção financeira

COMO VOCÊ DESCREVERIA SEU COMPORTAMENTO FINANCEIRO?

Os comportamentos financeiros definem a qualidade do seu relacionamento com o seu dinheiro.

Essa seção é dividida em duas partes. Na primeira, responde-se a um questionário de nove perguntas para coletar as primeiras impressões sobre como vem sendo o seu relacionamento com o dinheiro.

A segunda parte consiste em uma autoavaliação, observando-se a presença de dez tipos de sintomas de disfunções comportamentais que foram aprendidos e que precisam ser confrontados. Pronto para começar?

45

PARTE 1 – QUESTIONÁRIO DE COMPORTAMENTO FINANCEIRO

Assinale a alternativa que melhor descreve sua relação com o dinheiro e como você tem pensado sobre ele até hoje.

1. A respeito do dinheiro, meus pais:
a) me ensinaram a administrar o dinheiro e a ser moderado.
b) geralmente davam bons exemplos, mas não falavam muito sobre dinheiro.
c) queixavam-se de nunca ter o suficiente, mas não faziam nada para mudar.
d) nunca tiveram noção e estavam sempre duros.

2. Quanto à carreira, eu:
a) estabeleci meus objetivos com antecedência para ingressar em uma profissão bem remunerada.
b) não pensei muito a respeito e atualmente me arrependo da minha escolha.
c) não tenho uma carreira, e sim um emprego (do qual não gosto particularmente).
d) não estou certo nem sobre o que é uma carreira.

3. Em relação à quantia de dinheiro que ganho, eu:
a) estou indo bem, mas sempre almejo ganhar mais.
b) encontro-me bem abaixo de onde esperava estar a esta altura da vida.
c) estou estagnado em determinado nível e sou sempre passado para trás quando há promoções.
d) estou quase sempre em apuros, muito infeliz e não vejo muitas opções.

4. Quanto a fazer investimentos, eu:
a) tenho um plano de longo prazo, o qual revejo a cada cinco anos.
b) deposito recursos em minha previdência privada todo os anos.
c) "investi" em uma casa, mas não tenho outros investimentos.
d) não tenho dinheiro suficiente para investir em algo.

5. Quando tenho que tomar uma importante decisão financeira, eu:
a) pesquiso e avalio cuidadosamente todas as minhas opções antes de tomar decisões.
b) contrato um consultor ou consulto um amigo experiente de investimentos e faço tudo o que ele recomenda.
c) adio por meses, até que seja obrigado a enfrentar a decisão.
d) sem dinheiro = sem decisões financeiras.

Como estou me saindo em relação ao dinheiro? (EA)

6. Descreveria minha inteligência financeira como:

a) ampla, mas há muito o que aprender.

b) relativamente sólida para decisões do dia a dia, mas deficiente de maneira geral.

c) muito inocente, quase como era no ensino médio.

d) Zero. Nenhuma. Nula.

7. Minha conta poupança:

a) é uma das minhas prioridades mais importantes.

b) está crescendo aos poucos, mas não tão rápido quanto eu gostaria.

c) está aquém de como deveria.

d) é inexistente.

8. Quanto a um plano de emergência, eu:

a) tenho reservada em uma conta poupança intocável a quantia para três meses de despesas.

b) tenho cerca de R$ 2.000,00 em minhas economias que eu não toco, a menos que precise.

c) não tenho um, pois nunca há dinheiro suficiente para guardar.

d) minha vida inteira é uma emergência.

9. Para me manter atualizado a respeito de assuntos do mercado financeiro, eu:

a) leio revistas de finanças, converso com meu corretor e examino relatórios financeiros.

b) assisto um programa de finanças na televisão, leio algumas publicações especializadas no assunto de vez em quando.

c) não presto muita atenção, a menos que me afete diretamente.

d) não tenho motivos para prestar atenção, pois não tenho dinheiro extra para investir.

Primeiras conclusões

Analise suas respostas e verifique a letra que mais assinalou e confira sua classificação a seguir:

Se escolheu mais **alternativas A**, você possui uma base financeira sólida na qual se estabeleceu, mas poderia fazer uso de um reforço para atingir o nível seguinte. Seu cérebro é perfeito para um novo treinamento e responderá de maneira positiva a novas sugestões. Quase que instantaneamente você gerará maior riqueza e felicidade.

Se escolheu mais **alternativas B**, sua base financeira é estável, com algumas deficiências. Com um pouco de trabalho, você pode reforçar seu conhecimento financeiro, aprender maneiras de fazer seu cérebro trabalhar mais intensamente a seu favor e aumentar os recursos de maneira significativa. Com algum suporte e novas ideias, poderá se beneficiar bastante.

Se escolheu mais **alternativas C**, há muito trabalho a ser feito. Além disso, você está ansioso para se sentir mais confiante e descobrir maneiras de subir os degraus da escada, tanto no âmbito profissional como no financeiro. Com um pequeno ajuste, seu cérebro, em breve, iluminará um novo caminho para prosperar.

Se escolheu mais **alternativas D**, seu cérebro precisa realizar muito trabalho para se recuperar. Você simplesmente não recebeu o conhecimento necessário ou não teve modelos em sua vida que lhe ajudassem a gerar riqueza, mas não é tarde demais. Mudar o acesso à geração de recursos não será tão difícil ou desencorajador quanto você possa imaginar. Você pode despertar um novo modelo e alcançar novos resultado em pouco tempo se focar e imergir no modelo certo.

PARTE 2 – OS DEZ SINTOMAS DE DISFUNÇÃO FINANCEIRA

Leia os dez sintomas descritos a seguir e com sinceridade assinale aqueles que você tem observado na sua vida.

( ) **Sintoma 1: preocupação e ansiedade**

É quando a ansiedade e o medo exagerado em relação ao dinheiro dominam as emoções das pessoas. Esse sintoma fica evidente quando, na abundância, teme-se perder o que tem e, na escassez, teme-se em nunca ter o suficiente.

A principal causa desse comportamento está na construção de pensamentos sobre fatos de que não se tem controle e/ou não se podem prever. Vive-se na Zona de Preocupação.

( ) **Sintoma 2: má administração financeira**

Trata-se de quando não se guarda nenhum registro ou não se tem controle das finanças pessoais. Também não se dispõe de nenhum tipo de plano financeiro.

É geralmente observado em pessoas que dizem: "Eu não sei para onde foi o dinheiro". E não sabem quanto precisam hoje para viver.

As principais causas é a preguiça, a falta de priorização de administração doméstica ou, ainda, irresponsabilidade.

Como estou me saindo em relação ao dinheiro? (EA)

( ) **Sintoma 3: falta constante de provisão**

O problema aqui não está em quanto se ganha, mas na maneira como se gasta. Quanto mais dinheiro se adquire, mais opções de gastos se encontra.

É geralmente observado em pessoas que dizem: "Nunca tenho dinheiro sobrando". Se há um padrão de gastar 125% do orçamento, não importa se a renda seja mil, dez mil ou cem mil.

A principal causa é a falta de percepção de responsabilidade e controle que levam a gastos sempre acima do orçamento.

( ) **Sintoma 4: mentalidade: nunca tenho dinheiro**

Quando existe grande dificuldade em gastar os recursos de que se dispõe. Independentemente da situação financeira na qual se esteja, acredita-se que não há o suficiente.

Observa-se em pessoas que, apesar de dispor de recursos, sempre que aparece uma necessidade diz: "Não temos dinheiro para isso".

A causa pode estar ligada a uma crença inconsciente de escassez, experimentada em fases da vida.

( ) **Sintoma 5: compras impulsivas**

Trata-se de uma incapacidade de resistir ao desejo de comprar.

Compra-se não porque precisa, mas pelo convencimento de que está fazendo um ótimo negócio, oportunidade que nunca mais pode se repetir. Em outras palavras, compra-se porque "estava barato" e não porque precisava ou queria.

( ) **Sintoma 6: avareza**

Pessoas demonstram mais medo de liberar o dinheiro do que um "pão duro". Apesar de disporem de uma boa quantidade, pagam contas com atraso e não são capazes de doar seus recursos. Todo desembolso é um processo doloroso, mesmo que por razões legítimas.

É muito comum ser percebido quando há medo de repartir o que tem, independentemente do estado econômico.

Parte da crença de que dinheiro é algo muito difícil de se obter e deve ser preservado a todo custo.

( ) **Sintoma 7: cobiça**

Um desejo excessivo de adquirir ou possuir algo motivado por inveja e comparações com outros. Cobiça é diferente de ambição. Cobiça é desejar algo que não tem, já ambição é desejar ter mais do que já tem.

Não se trata de quanto se tem, mas de uma atitude de nunca estar satisfeito e sempre querer mais.

Quando nosso senso de identidade está intimamente ligado a ter, automaticamente nos sentimos inferiores quando notamos que temos menos que os outros.

( ) **Sintoma 8: descontentamento**

É a atitude ou mentalidade de insatisfação com o que se tem. Não importa quanta prosperidade se tenha, não há um limite que traga satisfação.

É comum nas pessoas que não conseguem definir um limite do quanto seria suficiente para elas. É o ter pelo ter, sem um propósito.

A causa é a associação do dinheiro a felicidade, status, poder, segurança, ou seja, expressões que a natureza humana busca sem limites.

( ) **Sintoma 9: servidão ao débito**

Uma espécie de prisão que mantém milhares de pessoas infelizes, vítimas do dinheiro e incapazes de reassumir as rédeas de sua vida.

Pessoas com débitos pessoais, escravizadas por juros e dívidas impagáveis gerados por dívidas de cartão de crédito e cheque especial.

Como causas possíveis, destacam-se criação de dívidas não planejadas e imprudência no uso de crédito fácil.

( ) **Sintoma 10: obsessão financeira**

Quando se dá ao dinheiro um lugar muito importante na vida, causando inversão de prioridades, desequilíbrios e comprometimento de valores.

Percebemos este sintoma quando a agenda de vida é basicamente como conseguir mais dinheiro.

Quais os sintomas que você percebe agindo em sua vida hoje? Descreva abaixo os três de maior influência na sua história até hoje.

2.4 Mapa de equilíbrio financeiro

QUÃO EQUILIBRADA É SUA VIDA FINANCEIRA HOJE?

Como em tudo, nossa vida financeira é feita de vários compartimentos que envolvem diferentes papéis, curto e longo prazos, relacionamentos pessoais e projetos de vida.

Por isso, criar compartimentos facilita nossa assimilação e avaliação geral de nossos pilares financeiros-chave.

Agrupar nossa vida financeira em compartimentos também nos ajuda a administrá-la e a ter foco nas áreas em que realmente queremos fazer crescer.

2.4.1 Visão sistêmica

Olhe sua vida financeira como se ela fosse composta por dez compartimentos importantes que precisam ser continuamente desenvolvidos. Pense neles como subdivisões que juntas formam um sistema único. O centro do círculo representa 0% de realização e satisfação naquela subdivisão e o exterior do círculo, 100% do lugar onde quer estar nesse pilar, conforme demonstrado na Figura 2.4. Onde você está hoje? É isso que o Mapa de Equilíbrio Financeiro pretende avaliar.

Chamamos de mapa, pois revela o aspecto visual que torna evidente os achatamentos dos diferentes compartimentos. Ao final da construção desse mapa, tem-se uma espécie de um gráfico de radar que permite importantes conclusões sobre o seu estado atual ou de seu coachee. O Mapa de Equilíbrio Financeiro é uma "Autoavaliação" conduzida pelo próprio coachee. Isso é muito importante. O coach simplesmente conduz a avaliação com o coachee, estimulando a honestidade e a seriedade nas respostas. Exemplo: "Com toda sinceridade, qual é o seu grau de autonomia financeira de 0 a 10?"

2.4.2 Características do mapa financeiro

- **Estado Ideal:** É importante que cada compartimento desse mapa financeiro tenha um peso de importância, expressado como Estado Ideal, de 0 a 10, proporcionando diferentes pesos para os compartimentos de acordo com seus valores e prioridades.

- **Estado Atual:** Em seguida, é quantificado o estado atual de acordo com a realidade de hoje.

- **GAP:** Essa comparação vai gerar uma nota chamada GAP (a lacuna) entre onde estou e onde gostaria de estar. O tamanho do GAP quantifica a insatisfação que vem sendo experimentada em determinada área e o grau de severidade disso no sistema.

Por fim, é importante compreender que os compartimentos são interdependentes, ou seja, sistêmicos. Significa que cada parte de nossa vida financeira está diretamente conectada com a outra, formando um sistema equilibrado. Quando uma variável do sistema é abalada, todo o sistema sofre. Em outras palavras, se não tenho disciplina e limites no uso do dinheiro, isso afetará minha estabilidade ou ainda meus investimentos e minha estrutura patrimonial, e assim por diante.

OS 10 INDICADORES

O Mapa de Equilíbrio Financeiro está organizado em dez indicadores (ou compartimentos) que serão utilizados para **avaliar a qualidade** de cada área de sua vida ou do coachee.

Conheça os dez compartimentos de Coaching Financeiro e como pode explorar cada segmento com o seu coachee por meio de perguntas que evocam o estado atual.

LIBERDADE E AUTONOMIA

O quanto é importante estar financeiramente livre (para cumprir a sua missão de vida segundo seu design), com liberdade de escolher onde e como aplicar seu tempo, livre de laços opressores (depender de pai e mãe em fase adulta, de irmão ou filho etc.)?

CONCORDÂNCIA

O quanto é importante para você ter harmonia e concordância a respeito do modelo financeiro da família e do estilo de vida escolhido, onde exista unidade, paz, cooperação, compreensão e cumplicidade?

DISCIPLINA E LIMITES

O quanto é importante para você ter uma resposta clara para a pergunta "O quanto é suficiente pra mim?". Ser fiel a compromissos assumidos, dispor de integridade e caráter, concluir projetos antes de começar outros, alocar recursos com consciência em áreas de valor na sua vida?

EQUILÍBRIO DE CONSUMO

Ter um modelo de consumo sem privações, mas disciplinado dentro dos limites estabelecidos, com responsabilidade, consciência e dentro daquilo de que se precisa e não dos "negócios imperdíveis".

Como estou me saindo em relação ao dinheiro? (EA)

APOSENTADORIA E HERANÇA

O quanto é importante para você planejar um estilo de vida futuro e trabalhar por ele, sem anular um estilo de vida presente, alinhados à sua missão e expectativa do futuro? O quanto é importante abençoar futuras gerações com uma herança, a partir da sabedoria e do trabalho que conquistou em vida?

DÉBITOS E DÍVIDAS

O quanto é importante para você não dever nada e ter seu nome limpo, especialmente dos créditos fáceis, pendências financeiras e juros bancários ou ainda pessoas de quem contraiu empréstimo ou dívida? O quanto é importante sair da condição de consumidor endividado para investidor multiplicador?

PROSPERIDADE

O quanto é importante ter um crescimento contínuo de seu patrimônio e seus rendimentos? O quanto é importante a prosperidade baseada na integridade?

INVESTIMENTO E PATRIMÔNIO

O quanto é importante para você ter seu dinheiro e patrimônio trabalhando por você por meio de investimentos inteligentes que se multipliquem sistematicamente? O quanto é importante estar bem informado e ter conhecimentos sólidos sobre oportunidades, saber a hora de entrar e sair e ter um portfólio de resultados?

ESTABILIDADE

O quanto é importante dispor de um modelo financeiro com riscos calculados e gerenciados, minimizar oscilações e dispor de proteção financeira, fontes alternativas de renda, estabilidade patrimonial que supra sua casa e sua família, carro e recursos?

GENEROSIDADE

O quanto é importante na sua missão como ser humano praticar a caridade e a generosidade? O quanto é importante estar sensível às necessidades à sua volta e investir na vida humana? E dar também para quem não precisa, por prazer, e fazer acima do que os outros esperam de você?

Veja na Figura 2.4 a seguir o Mapa de Equilíbrio Financeiro para *Coaching Financeiro*:

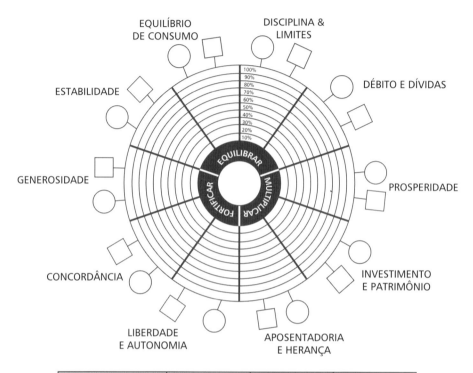

ESCALA DE AVALIAÇÃO

GAP = 0 (PLENITUDE)
GAP = 1 (ACEITÁVEL)
GAP = 2 e 3 (CRÍTICO)
GAP = 4 e ACIMA (MUITO CRÍTICO)

Figura 2.4 Mapa de Equilíbrio Financeiro (MEF).

Como estou me saindo em relação ao dinheiro? (EA)

OS TRÊS AGRUPAMENTOS

Observe na Figura 2.4 que os dez pilares de vida estão agrupados em três grupos, caracterizando a natureza do pilar e fortalecendo a compreensão de perfil específico do estilo financeiro que o coachee tem cultivado.

- **Equilibrar:** Agrupa pilares que expressam a estabilidade e o equilíbrio do seu orçamento doméstico, a partir de hábitos financeiros ponderados. Pilares: Estabilidade; Disciplina & Limites; Equilíbrio de Consumo e Débitos & Dívidas.
- **Multiplicar:** Agrupa pilares cuja natureza está em multiplicar rendimentos (ativos e passivos) e patrimônio baseados em prosperidade financeira contínua. Pilares: Prosperidade, Investimento & Patrimônio e Aposentadoria & Herança.
- **Fortificar:** Este agrupamento reúne pilares que afinam o uso do dinheiro com um senso de propósito e valores, permitindo que se conecte com outras pessoas e fortifique um relacionamento saudável com o dinheiro. Pilares: Liberdade & Autonomia, Concordância e Generosidade.

COMO PREENCHER O MAPA FINANCEIRO?

Passo 1 – Defina (de 0 a 10) o valor de cada segmento de sua vida financeira (preencha no quadrado).

Essa nota deve refletir o valor e o peso desse pilar na estrutura das suas finanças pessoais. Essa nota também representa o potencial máximo de satisfação e resultado, ou seja, a Plenitude nesse pilar.

Evoque esses valores, com perguntas como:

- O quanto é importante para você viver com autonomia e liberdade financeira?
- O quanto vale para você dormir à noite sem dívidas para pagar?

Descreva as características que foram agrupadas nesse compartimento potencializadas ao máximo, conforme descrito anteriormente. É fundamental colocar energia e emoção no seu tom de voz.

Passo 2 – Defina (de 0 a 10) a nota atual e real de cada pilar (preencha e pinte a escala correspondente).

Essa nota define os estados atual e real avaliados por quem está preenchendo o Mapa. É importante observar que esse Mapa é uma fotografia momentânea. O estado de humor e as condições atuais têm absoluta influência na percepção e na sensação de um coachee. Se você está fazendo atendimento com uma pessoa sob forte pressão e estresse financeiro, isso certamente afetará o resultado. Ajude seu coachee a pensar nos últimos dois meses e os resultados mais evidentes. "Se 100% é onde eu realmente quero estar, onde estou agora?"

Evoque sinceridade e realidade nesta nota, dizendo:

- Com toda a sinceridade do seu coração, o que tem vivido em relação a...?
- Com a verdade e sem máscaras, como está...?

Passo 3 – Calcule a diferença do GAP (preencha o resultado no círculo).

O GAP revela o quão perto ou o quão longe o coachee está de experimentar satisfação e plenitude nos diferentes compartimentos. O GAP é a bússola que orientará os pilares mais críticos que estão afetando o sistema e devem ser priorizados.

Passo 4 – Identifique e transcreva as três áreas de maior GAP na tabela do Mapa.

Preencha em ordem decrescente os três pilares (foco) com maior GAP, detalhando a nota atual, a nota ideal e o GAP. Determine a data do preenchimento do MEF.

COMO LER O MAPA FINANCEIRO?

Passo 1 – Leitura visual do Mapa

Após a conclusão do preenchimento do MEF, ajude seu coachee a ver o resultado visual. Com essa primeira análise, ficarão evidentes as zonas de achatamento e as zonas bem desenvolvidas.

Passo 2 – Leitura dos GAPs

A segunda leitura é a avaliação do GAP, ou seja, a lacuna entre o estado ideal e real do coachee para cada pilar. Para essa análise será usada a seguinte escala:

- **GAP = 0: Plenitude** – Representa plenitude de vida neste pilar, ou seja, é a conclusão de que se está vivendo o máximo do seu potencial nesta área.
- **GAP = 1: Aceitável** – Reconhece que não está em plenitude, mas vive com um bom nível de realização e muito próximo de seu potencial máximo.
- **GAP = 2 e 3: Crítico** – São áreas deficitárias, mas não representam ainda uma insatisfação expressiva. Contudo, não havendo mudanças, a tendência é que se agrave, podendo passar para Zona Vermelha.
- **GAP = 4 e acima: Zona Vermelha/Muito crítico** – Estes são os drenos da vida financeira hoje, as hemorragias que sugam energia, recursos e

Como estou me saindo em relação ao dinheiro? (EA)

tempo. Áreas de profunda insatisfação que requerem atenção e ação imediata. Não cuidar dessas áreas implica permitir que elas contaminem outras áreas do sistema que podem estar saudáveis hoje.

É importante compreender aqui que felicidade e satisfação na vida financeira acontecem quando vivemos em cima dos nossos valores.

Passo 3 – Busca por equilíbrio: Identifique pontos críticos

O ideal é ter uma visão geral de todo o MEF e verificar quais os pilares achatados, pois podem ser buracos negros de energia e entusiasmo. Tratá-los é como estancar uma hemorragia ou um sangramento que nos está fazendo perder tempo, dinheiro e saúde emocional.

Passo 4 – Defina 3 pilares de desenvolvimento (contínuo)

Uma vez identificado os pilares "Muito Críticos", explore com seu coachee os resultados em cada pilar e onde encontra maior insatisfação e desejo por mudança. Inicie uma priorização de pilares foco para início do processo de coaching.

Sugere-se que a área de trabalho começa pelo GAP mais crítico. Contudo é o coachee quem definirá sua prioridade de desenvolvimento.

3

O QUE SIGNIFICA SER RICO PARA VOCÊ? (ED)

"Precisa-se de tanta energia para desejar quanto para planejar".

Eleanor Roosevelt

- Qual é a sua motivação para ganhar mais dinheiro?
- Quanto custa o seu sonho?
- Quais são os cinco níveis do seu sonho financeiro?

3.1 Conecte prosperidade com propósito

Não conheço alguém que desdenhe prosperidade financeira. Contudo é preciso compreender que, para se estabelecer objetivos financeiros sólidos, devemos compreender nossas próprias particularidades, propósitos e motivações. Como coaches financeiros, não é o nosso papel determinar o conteúdo de um objetivo financeiro para alguém, antes o nosso papel é ajudá-los a determinar objetivos ligados a um senso de propósito e valores. Isso resultará em:

- Objetivos claros, específicos e bem definidos.
- A motivação que será o combustível para se fazer sacrifícios em busca desses objetivos.

Por isso, antes de se estabelecer objetivos e alvos financeiros, conecte a prosperidade com um propósito.

3.1.1 Intenções superficias e falta de clareza

Intenções e significados criam o mundo em que você vive. Suas intenções são seus ideais mais elevados. Elas energizam e motivam você a seguir em direção a um objetivo. Intenções e significado promovem:

- Aumento da autoconsciência e percepção do que é importante.
- Direcionamento de energia.
- Foco no agora e no que é necessário ser feito.
- Clareza do que está funcionando ou não.
- Informação ao seu cérebro do que você quer e por que você quer.

3.1.2 Suas verdadeiras intenções

Muitas pessoas não se sentem estimuladas a mudar sua realidade financeira, pois não há ligação entre prosperidade e suas motivações de vida mais profundas. Ninguém busca o dinheiro pelo dinheiro, mas antes pela associação que fazem entre o dinheiro e as coisas que realmente almejam em suas vidas.

O que significa ser rico para você? (ED)

Por isso, conectar a prosperidade financeira a um propósito lhe coloca mais próximo do que realmente quer.

Analise a lista a seguir e assinale, com sinceridade, as intenções que percebe agindo em você:

- ( ) Honrar a Deus sendo o melhor que posso ser.
- ( ) Oferecer uma vida confortável à minha família.
- ( ) Ajudar e socorrer os que precisam.
- ( ) Independência.
- ( ) Segurança e estabilidade.
- ( ) Sucesso e reconhecimento.
- ( ) Ter mais.

Escolha o que melhor define riqueza para você. Ser rico para mim envolve...

- ( ) uma cifra disponível.
- ( ) um montante investido.
- ( ) tamanho de um patrimônio.
- ( ) quanto eu ganho por mês.
- ( ) um estilo de vida.
- ( ) uma condição de vida para as próximas gerações.
- ( ) uma capacidade de dar e doar.
- ( ) independência/liberdade.
- ( ) segurança.
- ( ) gastar.
- ( ) outros _____.

Baseado nos itens assinalados anteriormente, crie uma DECLARAÇÃO DE INTENÇÃO, que não só abra possibilidades na sua vida, mas também evoque um destino que passará a perseguir conscientemente a partir de agora.

Ao pensar na sua declaração, responda às seguintes perguntas:

- Em quem se tornará?
- O que conquistará ou terá?
- O que será capaz de fazer que não faz hoje?
- Em quanto tempo isso se dará?

- Como saberá que chegou lá?
- Por que isso é importante e significativo para você?
- O que faz isso valer a pena? Seja específico.

Minha declaração de intenção é:

3.1.3 As seis necessidades básicas

Tony Robbins define no seu livro *O jogo do dinheiro* (*Money: Master the game*) seis necessidades básicas de todo ser humano.

Segundo Tony Robbins, tudo o que fazemos, ou mesmo deixamos de fazer, está ancorado em uma motivação. Viajando por mais de cem países e interagindo com centenas de milhares de pessoas em todo o mundo, Tony passou a observar um padrão que pode ser resumido em seis necessidades humanas básicas. Essas seis necessidades básicas são forças que nos fazem mover ou ainda que nos impedem de mover na vida. Não se trata de desejo ou alvos. Cada pessoa tem desejos e alvos únicos, mas quando tratamos de necessidades identificamos seis básicas. O que deverá variar é o grau de importância que cada uma dessas seis necessidades terá para cada um de nós. Por isso, conscientemente ou não, seus alvos financeiros estão relacionados com uma ou mais dessas seis necessidades básicas. Dessa forma, compreender suas necessidades o ajudam a entender suas motivações financeiras. Conheça quais são e o que representa cada uma delas:

1. **Certeza:** É um dos nossos instintos mais primitivos de sobrevivência. Queremos ter a certeza de que não prolongaremos sofrimento e teremos algum nível de conforto que aponta para a nossa preservação. A certeza é uma das razões que explicam por que prolongamos situações de mediocridade e não promovemos as mudanças que queremos e podemos fazer nas nossas vidas.

2. **Incerteza/Variedade:** É a necessidade de variedade e de surpresa que traz sabor à vida.

3. **Significado:** Trata-se da necessidade de sentir-se único, valorizado, reconhecido e/ou importante.

O que significa ser rico para você? (ED)

4. **Conexão/Amor:** É a necessidade de se conectar com outros, pertencer, sentir-se amado, aceito e é a necessidade de fazer parte.

5. **Crescimento:** Crescer é vida, e progresso produz a sensação de felicidade, por isso, temos uma necessidade de crescer continuamente.

6. **Contribuição:** É a necessidade de fazer algo que não é focado em você. É a necessidade de compartilhar com outras pessoas as coisas que temos por valiosas.

O que queremos identificar aqui é quais são as duas principais necessidades. Potencialmente são as duas forças motoras que estão direcionando sua vida hoje.

Conecte no Quadro 3.1.3a as intenções que identificou na Seção 3.1.2 a uma ou mais das seis necessidades básicas descritas na Seção 3.1.3:

Quadro 3.1.3a Necessidades x Intenções

NECESSIDADE BÁSICA	INTENÇÕES
Certeza	
Incerteza/Variedade	
Significado	
Conexão/Amor	
Crescimento	
Contribuição	

CRIE UMA VISÃO

Uma pesquisa apresentada por Robert Kiyosaki em seu *best-seller Pai rico, pai pobre* releva que 96% das pessoas justificam que não conseguem atingir seus objetivos ou sonhos por falta de dinheiro. Kiyosaki afirma que estes 96% estão concentrados meramente em provisão. Por outro lado, os 4% remanescentes acreditam que a provisão decorre naturalmente de uma visão, portanto, estes últimos se concentram na visão.

CONECTOR DE PROSPERIDADE E PROPÓSITO

Para auxiliá-lo na criação de uma visão, preencha as lacunas do Quadro, conectando sua prosperidade com diferentes aspectos de vida.

Pense e responda: Como a prosperidade se conecta, aproxima, viabiliza, impulsiona, acelera, facilita, enriquece, amplia, engrandece:

Quadro 3.1.3b Conector de prosperidade e propósito

Minha missão/Meu chamado...	
Minha paixão/vocação...	
Minha visão de futuro...	
As pessoas que eu amo...	
Meu projeto de vida...	
Minha humanidade....	
Minha vida...	
O mundo...	
Outros...	

3.1.4 Cuidado com as falsas ilusões

A ideia de que o dinheiro vem resolver todos os seus problemas pode não ser necessariamente verdade. Um artigo publicado pela CNN (LANDAU, 2011)[1] revela que pessoas que ganharam na loteria acabaram em uma situação pior do que aquela que estavam antes de ganharem o prêmio. Isso se deve a basicamente dois motivos.

Ao elevarem seu padrão de vida de maneira não planejada acabaram endividados para sustentar um padrão que não podiam manter após o dinheiro acabar. O segundo motivo foi pela deterioração dos seus relacionamentos. Muitos vencedores descreveram que, após ganharem na loteria, começaram a receber ligações de todos os tipos de pessoa com promessas, propostas de

---

1 Acesso em: <http://www.cnn.com/2011/HEALTH/01/07/lottery.winning.psychology/index.html>.

negócios, propostas de casamento, acusações e ameaças. Pessoas que ofereciam ajuda voluntariamente passaram a cobrar pelo esforço e sacrifícios que fizeram. Parentes que tentaram arruinar a vida do novo milionário, assaltos, sequestros, mortes e problemas que possivelmente nunca experimentariam em outra situação.

Por isso, no coaching, não focamos somente no que se quer, mas por que se quer. Portanto, ao estabelecer seus alvos financeiros, considere seu propósito e valores, não pense no dinheiro como um fim, mas como um meio viabilizador do verdadeiro projeto de vida que almeja.

3.2 Quanto custa o seu sonho?

Quanto custa o seu sonho? Refiro-me ao número mágico suficiente para manter o estilo de vida dos seus sonhos sem que você precise trabalhar o resto da sua vida. Isso mesmo, quanto custa sua segurança, vitalidade ou independência financeira?

Dê o seu melhor palpite: 500 mil? 1 milhão? 10 milhões? 100 milhões?

Escreva a seguir o seu número. Lembre-se de que clareza é poder:

A maioria das pessoas não tem ideia de como responder a esta pergunta. Por isso, não se sinta mal se não sabe ou se teve que dar um tiro no escuro. Ao final desta seção, você será capaz de dizer, com clareza, quanto precisa para custear a vida dos seus sonhos. Saber esse número coloca você à frente de milhares de pessoas que não fazem ideia do quanto é suficiente para elas viverem seus sonhos.

A experiência tem mostrado que se você é igual à maioria das pessoas, esse número vai parecer alto para você, e para alguns causar até a sensação de que é impossível nesta vida, correto?

Por isso, no Coaching Financeiro, criamos um caminho em etapas para esse destino, estabelecendo cinco níveis, que chamamos de "OS CINCO NÍVEIS PARA O SEU SONHO FINANCEIRO".

Esses cinco níveis têm dois propósitos fundamentais que farão com que o seu sonho financeiro passe de uma realidade distante para um jogo possível.

- **Propósito 1:** O custo do seu sonho geralmente é muito menor do que você imagina; às vezes, uma fração do valor descrito originalmente, chegando em alguns casos a ser 5% a 1% do valor imaginado.
- **Propósito 2:** Não importa a sua fase de vida hoje, seguramente, você é capaz de materializar dois ou três níveis do seu sonho.

Todo progresso que experimentamos na vida começa a partir de um desafio que nos leva para fora da nossa zona de conforto, a explorar o desconhecido e o incerto. É natural que isso desperte em você alertas de perigo, ceticismo, medo, que o farão hesitar ou até mesmo cogitar sobre. Por isso, dê um passo de cada vez e não se preocupe neste estágio em responder como fará isso, qual será sua estratégia e daí por diante. Lembre-se de que a visão vem antes das estratégias e dos recursos.

> *"Se ficar preso em quem sou hoje, nunca florescerei em quem posso me tornar. Preciso praticar a arte gentil de me desapegar."*
>
> Sam Keen, autor

Neste momento, foque especificamente "aonde" quer chegar, defina qual é o seu destino.

No Capítulo 4, discutiremos a fundo a construção de um Plano de Ação, a terceira etapa do processo de coaching, para viabilização do sonho financeiro.

3.2.1 Os cinco níveis para seu sonho financeiro

A Figura 3.2.1 demonstra graficamente os cinco níveis para o seu sonho financeiro.

Vamos compreender em detalhe cada um deles, começando pelo nível que mais se aproxima da sua realidade hoje, o nível 1, subindo a escala e chegando ao nível mais distante, o nível 5.

Lembre-se de que o princípio em qualquer um dos cinco níveis é que o seu dinheiro trabalhará por você e por isso queremos estimar o quanto é necessário de patrimônio financeiro acumulado, que chamaremos aqui de Cifra de Riqueza, para obter um rendimento passivo mensal que cubra os diferentes níveis estabelecidos.

O que significa ser rico para você? (ED)

Figura 3.2.1 Os cinco níveis de sonhos financeiros

SEGURANÇA FINANCEIRA
Sonho: Minhas necessidades básicas supridas.
O que significaria para você se nunca mais tivesse que se preocupar em pagar suas seis despesas básicas de vida? A proposta do primeiro nível é definir um número que cobrisse as seis principais despesas básicas do seu custo de vida hoje, como:

- Moradia: financiamento imobiliário/aluguel.
- Despesas domésticas: água, luz, gás, telefone.
- Alimentação: para toda sua família.
- Transporte: suas necessidades básicas de transporte (gasolina, manutenção, seguro, IPVA).
- Seguro saúde de sua família.
- Educação de sua família.

Coaching financeiro | Marion

O número de segurança financeira geralmente é muito mais próximo do que se imagina.

Quadro 3.2a As seis despesas básicas da segurança financeira

Faça o cálculo do montante necessário (Cifra de Riqueza) para cobrir os custos mensais de sua segurança financeira:

- Tenha em mãos o seu levantamento de gastos mensais (Quadro 2.2a).
- Com esses números, preencha o Quadro 3.2a e determine o quanto você precisa por mês para estar financeiramente seguro, estimando suas seis despesas básicas mensais.
- Transforme o seu saldo mensal total em anual, multiplicando-o por 12.
- Determine sua Cifra de Riqueza multiplicando seu saldo anual por 12,5.

Tipo	Descrição	Gasto mensal
	AS SEIS DESPESAS BÁSICAS DE SEGURANÇA	
1. MORADIA	Financiamento residencial/Aluguel	
	IPTU/Impostos de propriedade	
	Taxa de condomínio/Manutenção doméstica	
	Seguro residencial	
"2. DESPESAS DOMÉSTICAS"	Gás	
	Eletricidade	
	Água e esgoto	
	Taxa de lixo	
	Telefonia	
3. ALIMENTAÇÃO	Supermercado	
	Padaria/Horti-fruti/Feira/Açougue	
4. SEGURO SAÚDE	Plano médico/Odonto	
5. TRANSPORTE	Financiamento de carro/Aluguel/Táxi	
	IPVA/Seguro obrigatório/Licenciamento	
	Seguro de automóvel	
	Manutenção de automóvel (óleo, pneu etc.)	
	Combustível	
6. EDUCAÇÃO	Escola/Faculdade/Cursos	
MEU SALDO MENSAL DE SEGURANÇA FINANCEIRA É:		
SALDO ANUAL (Resultado mensal x 12)		
CALCULADOR DE RIQUEZA (Multiplique seu saldo anual por 12,5*) *12,5 representa um rendimento anual de 8% (poupança).		

O que significa ser rico para você? (ED)

CÁLCULO DE RIQUEZA: O Cálculo de Riqueza (última linha do Quadro 3.2a) visa definir um número que chamamos de Cifra de Riqueza. Esse é o montante que precisa ser conquistado para dele se gerar uma renda passiva que cubra o custo mensal estabelecido para sua segurança financeira.

O fator 12,5 representa matematicamente um rendimento anual de 8% bruto, equivalente a um rendimento de poupança, o mais básico e conservador da nossa economia, que incide sobre seu saldo anual.

DICA: Antes do próximo sonho, considere o valor de um fundo de emergência.

O fundo de emergência é para imprevistos da vida e pode somar algo em torno de 3 a 12 meses de seu rendimento mensal.

VITALIDADE FINANCEIRA
Sonho: Suprir parcialmente meus confortos.

Neste nível nos propomos a estimar o número que cobrirá não só suas seis necessidades básicas, mas também uma parcela dos confortos, hobbies e preferências do seu estilo de vida atual, tais como:

- Roupas/Assessórios.
- Entretenimento (TV a cabo, cinema, teatro etc.).
- Restaurantes/Bares.
- Estética/Academia.
- Título de clube.

Quadro 3.2b Cálculo da vitalidade financeira

 Faça o cálculo de riqueza de acordo com os passos a seguir:

- Estime a metade de alguns custos extras. Se os descritos na tabela não correspondem aos seus, substitua-os por aqueles de sua realidade.
- Some as linhas e determine o custo total mensal referente à sua vitalidade financeira.
- Na linha (c), some as linhas (a) e (b) do Quadro 3.2b.
- Na linha (d), transforme em anual o custo total do seu novo estilo de vida, multiplicando a linha (c) do Quadro 3.2b por 12.
- Calcule a Cifra de Riqueza, na linha (e), multiplicando o saldo da linha (d) do Quadro 3.2b por 12,5.

3 Coaching financeiro | Marion

50% dos meus custos com roupas/assessórios	R$ _____	mensal
(+) 50% do meu custo com entretenimento	R$ _____	mensal
(+) 50% do meu custo com restaurantes	R$ _____	mensal
(+) 50% do meu custo com estética/academia	R$ _____	mensal
(+) 50% com título de clubes	R$ _____	mensal
(=) TOTAL ADICIONAL PARA A VITALIDADE FINANCEIRA	R$ _____	mensal

(a) TOTAL ADICIONAL PARA A VITALIDADE FINANCEIRA   R$ _____ mensal
(b) TOTAL DA SEGURANÇA FINANCEIRA   R$ _____ mensal
(c) = (a + b) TOTAL DO CUSTO PARA VITALIDADE FINANCEIRA   R$ _____ mensal
(d) × 12 TOTAL ANUAL PARA VITALIDADE FINANCEIRA   R$ _____ ano
(e) = (d) × 12,5 Cifra de Riqueza   R$ _____

INDEPENDÊNCIA FINANCEIRA
Sonho: Meu estilo de vida atual suprido.

Estoure o champanhe! Chegamos à independência financeira. Isso significa que não precisa mais trabalhar para manter o estilo de vida que tem hoje. A renda passiva que seu patrimônio financeiro gera é capaz de suprir 100% dos custos do seu estilo de vida atual. Isso significa que o dinheiro passa a ser seu servo, é ele quem trabalha para você e não você para ele. O trabalho passa a ser sinônimo de missão e satisfação no que faz e não mais de provisão ou por necessidade.

Calcule o custo da sua independência financeira. Lembre-se de que clareza é poder!

Quadro 3.2c Cálculo da independência financeira

 Faça o cálculo de riqueza de acordo com os passos a seguir:

- Liste e orce as outras despesas, não incluídas nos níveis anteriores, para compor 100% do custo do seu estilo de vida atual.
- Some essas despesas mensais para compor a linha (a) "Total adicional para o meu estilo de vida" do Quadro 3.2c.
- Adicione os outros 50% dos seus custos estimados em "Total adicional para a vitalidade financeira" do Quadro 3.2b. Insira-os na linha (b) do Quadro 3.2c.
- Na linha (e), some as linhas (a) e (b) do Quadro 3.2c.

O que significa ser rico para você? (ED)

- Na linha (d), transforme o custo total do seu novo estilo de vida em anual, multiplicando a linha (c) do Quadro 3.2c por 12.
- Calcule a Cifra de Riqueza, na linha (e), multiplicando o saldo da linha (d) do Quadro 3.2c por 12,5.

• Despesas 1 _____	R$ _____ mensal
• Despesas 2 _____	R$ _____ mensal
• Despesas 3 _____	R$ _____ mensal
• Despesas 4 _____	R$ _____ mensal
• Despesas 5 _____	R$ _____ mensal

(a) TOTAL ADICIONAL PARA O MEU ESTILO DE VIDA   R$ _____ mensal
(b) TOTAL DA VITALIDADE FINANCEIRA (+ 50% restantes) R$ _____ mensal
(c) = (a + b) TOTAL DO MEU ESTILO DE VIDA ATUAL   R$ _____ mensal
(d) = (e) × 12 TOTAL ANUAL DO MEU ESTILO DE VIDA   **R$ _____ ano**

(e) = (d) × 12,5 Cifra de Riqueza   R$ _____

LIBERDADE FINANCEIRA

Sonho: Liberdade de estilo de vida.

O que mais alguém poderia almejar além de sua independência financeira? O que acha de manter sua independência e ainda elevar o seu padrão de vida? Na liberdade financeira, você não só você está livre do trabalho por necessidade, mas também está livre para viver um novo estilo de vida. Adicione dois ou três luxos, ou dispêndios, que você quer no seu orçamento, por exemplo:

- Liberdade para viajar.
- Liberdade para empreender.
- Uma nova carreira e estudos.
- Uma casa maior.
- Uma segunda casa para férias (na praia/no campo).
- Um barco.
- Um *hobby*.
- Um carro esporte.
- Contribuir mais para sua comunidade ou Igreja.

Coaching financeiro | Marion

3

Crie um estilo de vida que você sonhou, adquirindo três luxos ou dispêndios extraordinários no seu estilo de vida atual, sem ter que trabalhar para pagar por eles. O segredo aqui é que não precisará desembolsar 100% do valor de sua aquisição à vista. A sua renda passiva pagará as parcelas mensais de sua nova aquisição, por isso, levamos em consideração eventuais taxas financeiras e juros que incorrerão ao usar uma linha de crédito ou financiamento. A diferença é que não é você quem trabalhará para pagar esse débito, mas o seu dinheiro.

Quadro 3.2d Cálculo da liberdade financeira

Faça o cálculo de riqueza de acordo com os passos a seguir:

- Liste e orce os três itens (luxos ou dispêndios) novos que incorporarão seu novo padrão de vida.
- Some os itens para compor a linha (a) "Total adicional para o meu novo estilo de vida".
- Copie o saldo estimado na linha (e) do Quadro 3.2c e transcreva-o na linha (b) do Quadro 3.2d "Total do meu estilo de vida".
- Na linha (e), some as linhas (a) e (b) do Quadro 3.2d.
- Na linha (d), transforme o custo total do seu novo estilo de vida em anual, multiplicando a linha (c) do Quadro 3.2d por 12.
- Calcule a Cifra de Riqueza, na linha (e), multiplicando o saldo da linha (d) do Quadro 3.2d por 12,5.

- Item de luxo 1 _____ R$ _____ mensal
- Item de luxo 2 _____ R$ _____ mensal
- Doação para _____ R$ _____ mensal

(a) TOTAL ADICIONAL PARA O MEU ESTILO DE VIDA   R$ _____ mensal
(b) TOTAL DO MEU ESTILO DE VIDA ATUAL   R$ _____ mensal
(c) = (a + b) TOTAL DO MEU NOVO ESTILO   R$ _____ mensal
(d) = (e) × 12 TOTAL ANUAL DO MEU NOVO ESTILO DE VIDA R$ _____ ano

(e) = (d) × 12,5 Cifra de Riqueza   R$ _____

O que significa ser rico para você? (ED)

LIBERDADE FINANCEIRA ABSOLUTA
Sonho: Estilo de vida ilimitado.
O que faria se dispusesse de recursos para fazer o que quisesse, quando quisesse? Uma vida nos seus termos, sem ter que trabalhar para pagar. Pense nas inúmeras coisas que estariam ao seu alcance. Quer conhecer o mundo, comer nos melhores restaurantes, investir na sua estética corporal, criar uma fundação para alimentar crianças? Como seria sua vida? O que faria? Para quem faria?

A liberdade financeira absoluta é uma vida sem limites financeiros. Não ter limites não significa que não se pode ter clareza e definir o quanto é esse valor. Nesta seção, você lista tudo o que gostaria de viver e fazer nos próximos 30, 40, 50, 60 anos ou mais e reponde à pergunta: o quanto seria suficiente para você?

Quadro 3.2e Cálculo da liberdade financeira absoluta

Faça o cálculo de riqueza de acordo com os passos a seguir:

- Liste e orce tudo aquilo que fará parte da sua liberdade absoluta ainda não listado nos níveis anteriores.
- Some os itens para compor a linha (a) "Total adicional para liberdade absoluta".
- Copie o saldo estimado na linha (e) do Quadro 3.2d e transcreva-o na linha (b) do Quadro 3.2e "Total liberdade financeira".
- Na linha (c), some as linhas (a) e (b) do Quadro 3.2e.
- Na linha (d), transforme em anual o custo total do seu novo estilo de vida, multiplicando a linha (c) do Quadro 3.2e por 12.
- Calcule a Cifra de Riqueza, na linha (e), multiplicando o saldo da linha (d) do Quadro 3.2e por 12,5.

- Item de luxo 1 _____	R$ _____ mensal
- Item de luxo 2 _____	R$ _____ mensal
- Renda livre	R$ _____ mensal
- Investimento em _____	R$ _____ mensal
- Doação para _____	R$ _____ mensal

Coaching financeiro | Marion

(a) TOTAL ADICIONAL PARA LIBERDADE ABSOLUTA   R$ _____ mensal
(b) TOTAL LIBERDADE FINANCEIRA   R$ _____ mensal
(c) = (a + b) TOTAL TOTAL PARA LIBERDADE ABSOLUTA   R$ _____ mensal
(d) = (e) × 12 **TOTAL ANUAL PARA LIBERDADE ABSOLUTA**   R$ _____ ano

(e) = (d) × **12,5** Cifra de Riqueza   R$ _____

DIFERENÇA ENTRE SONHAR E VIVER O SONHO

A diferença entre sonhadores e pessoas que vivem seus sonhos é que a primeira nunca descobriu o preço dos seus sonhos. Aplicando as ferramentas deste capítulo, você ganha clareza necessária para estabelecer um destino financeiro claro no seu projeto de vida.

O que na sua vida um dia foi só um sonho, mas que hoje é realidade?

- Um cargo na empresa?
- Um(a) garoto(a) que nunca imaginou que se interessaria por você?
- Um carro?
- Um lugar para morar?
- Um destino de viagem?
- Um curso, diploma ou certificação?

Algumas coisas que um dia eram sonho hoje se dão como certas, por tão familiares que se tornaram a você. Liste, no Quadro 3.2f, 5 coisas que hoje são realidades:

Quadro 3.2f Lista de sonhos que se tornaram realidades

- _____
- _____
- _____
- _____
- _____

Está na hora de colocar o ceticismo e a incredulidade de lado. E se fosse possível? Você não daria uma chance? Com o nosso Estado Desejado estabelecido, concluímos a segunda etapa do Coaching Financeiro e passaremos agora à terceira: Construção de um Plano Financeiro.

4

MEU PLANO FINANCEIRO DE VIDA (PA)

"Você pode se tornar rico tendo mais do que precisa, ou precisando menos do que tem".

Benjamin Disraeli

- Quais são os marcos mais importantes entre onde você está e aonde quer chegar?
- Como pretende fazer isso?
- Qual seria um prazo realista para essa ação?

Parabéns! Você já definiu o preço do seu sonho e está mais próximo dele do que jamais esteve. Definindo e precificando o seu sonho, não só lhe proporcionará clareza, mas inspiração, que lhe servirá de base para criar metas direcionadas e, a partir desses planos que abrem portas e possibilidade, você será capaz de criar uma agenda de novos hábitos que o levarão ao futuro extraordinário estabelecido. Esse sistema de transformar sonhos em realidade é mais bem demonstrado na Figura 4.1 – Matriz de Plano de Vida.

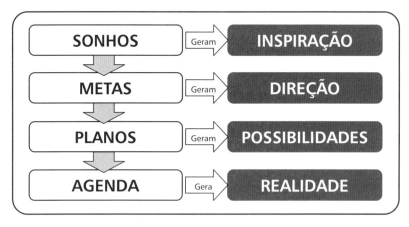

Fonte: coaching4.com

Figura 4.1 Matriz de Plano de Vida.

O próximo passo é ter o Plano certo. Por isso, este capítulo vai tratar o auge do processo de coaching: designar ações.

Toda visão, *insights* e boas ideias precisam resultar em ação que permita que você ou seu coachee passem a se mover na direção de seus objetivos.

Na prática, a construção de um Plano de Ação será relativamente fácil se o mapeamento do estado atual e a projeção do estado desejado foram realizados com consistência.

Meu plano financeiro de vida (PA)

É isso que fazemos no coaching, ajudamos pessoas a criar Planos de Ação sólidos, usando nossas habilidades para ouvir ativamente e fazer perguntas eficazes. Mas lembre-se de que as ações são 100% determinadas pelo coachee/interlocutor.

Seu papel como coach será fazer perguntas clarificadoras, pedindo ao seu interlocutor que esclareça como ou quando fará aquilo. Clarifique se o prazo é realista e se a ação está detalhada de forma suficiente.

ANTES DE INICIAR O SEU PLANO

Antes de considerar o seu plano, confira o *checklist* a seguir para ter certeza de que seus alvos financeiros foram validados e estão à prova do tempo e das circunstâncias difíceis.

( ) **Eu estou subindo a montanha certa?**

Pior do que não ser capaz de atingir uma meta é descobrir depois de anos que era a meta errada. Em certo momento a meta lhe pareceu boa e legítima, pois outros também a perseguiam. Suba a montanha certa. Esta é a sua vida, o seu sonho financeiro e de mais ninguém.

( ) **Meus alvos estão em harmonia com os meus valores de vida?**

Não crie apenas um projeto realizável, mas também sustentável. Certifique-se de que seu sonho financeiro está alinhado com seus valores de vida e de que ele respeita outras áreas importantes da sua vida que você precisará investir. Equilibre suas ações no curto e longo prazos, pois a jornada é tão importante quanto o destino.

( ) **Estou sendo honesto comigo e com minhas finanças?**

Este projeto financeiro é antes de tudo seu. Você não conquistará alvos desafiadores culpando os outros, procrastinando e se vitimando. Cultive pensamentos de conquista e determinação que lhe ajudem a enfrentar as adversidades da vida sem perder seu foco.

( ) **Estou focado no resultado final?**

Não importa como começou, mas como vai terminar.

A ANATOMIA DA AÇÃO

Criar uma ação é uma coisa, aplicá-la é outra. Vamos entender os principais obstáculos enfrentados durante a construção de um Plano de Ação.

a) **A ação pode não estar pronta para ser aplicada.**

Às vezes, ela é muito grande e genérica, às vezes, irrelevante, ou ainda, pode ser uma ótima ação, mas você ou seu coachee não fazem ideia de como implementá-la. Será necessário primeiro adquirir clareza suficiente.

b) **Há diferentes tipos de ação, nem sempre físicos.**

Ajude seu coachee a compreender que, às vezes, ações podem ser atividade como:

- Aprofundar sua reflexão em determinado assunto.
- Consultar pessoas ou coletar diferentes conselhos e opiniões.
- Pesquisar um tópico (ex.: qualificação profissional, quais as melhores certificações).
- Tomar uma decisão.
- Ou implementar um plano desenvolvido durante sua conversa.

c) **Cada ação precisa de três elementos básicos.**

Durante um processo de coaching, há três elementos que, se incluídos na definição de uma ação, ajudarão o seu coachee a ter sucesso na implementação do seu Plano de Ação. Por isso, ações devem:

- Ser simples e específicas o suficiente para serem realizáveis (se necessário, quebre em ações menores), mas significativas para energizar.
- Mover o seu interlocutor na direção de seu objetivo.
- Preferencialmente, ser realizáveis até a próxima conversa de coaching.

CONSTRUÇÃO DE PLANOS DIRECIONADOS

Um Plano Financeiro completo pode ser segmentado em Planos Direcionados. Neste capítulo, vamos falar sobre três tipos de planos e a natureza das suas estratégias, conforme demonstrado na Figura 4.2. Em todos os casos, planos são geradores de possibilidade, construtores de pontes e viabilizadores de mudança.

Meu plano financeiro de vida (PA)

Fonte: Adaptado do www.freepik.com

Figura 4.2 Planos direcionados.

4.1 Planos abertos

A característica principal de um Plano Aberto é a sua versatilidade para organizar passos claros e bem documentados, que permitem uma boa aderência na sua execução.

4.1.1 5W2H

O 5W2H é um Plano Aberto que funciona como um *checklist* de ações específicas. Essas ações são desenvolvidas com a maior clareza possível e permitem um mapeamento das atividades.

Quando se trata de Plano de Ação, queremos eliminar por completo as dúvidas que podem surgir durante sua execução. A ausência de dúvidas agiliza as atividades e acelera o progresso.

Recomendamos esse tipo de plano para aspectos comportamentais ou hábitos observados no coaching que vêm destruindo valor financeiro e comprometendo a construção de um patrimônio. Caso tenha identificado GAPs críticos no seu Mapa Financeiro para Autonomia, Concordância e Generosidade, o 5W2H também poderá ser uma excelente aplicação.

Ele ainda poderá ser utilizado no preparo de criação do seu Fundo de Financiamento de Sonhos, estabelecendo as primeiras ações, como abertura de uma conta poupança ou uma conta em uma corretora ou administradora de fundos. Os detalhes para esse processo serão aprofundados na Seção 4.4 deste capítulo.

4.1.1.1 Funcionamento do 5W2H

A expressão 5W2H representa as primeiras letras (em inglês) de perguntas que servem de diretrizes para o processo de construção do Plano de Ação. Vamos ver quais são:

- *What* – **O que** será feito? (detalhar etapas)
- *Why* – **Por que** será feito? (justificativa/relevância)
- *Where* – **Onde** será feito? (local)
- *When* – **Quando** será feito? (prazo)
- *Who* – **Por quem** será feito? (responsabilidade)
- *How* – **Como** será feito? (método/estratégia)
- *How much* – **Quanto** custará? (recursos)

É adicionado ainda o **Nível de Criticidade** da Ação, ou seja, o quanto esta ação é importante a fim de se conquistar o resultado desejado. O Nível de Criticidade deverá ser avaliado como alto (quando é muito representativo para o resultado final), médio (quando tem alguma importância no resultado final) ou baixo (quando há mínimo impacto no resultado final).

A seguir, demonstramos no Quadro 4.1 um modelo de *template* para aplicação do 5W2H. Recomendamos para cada uma das metas cinco ações relevantes com alto nível de criticidade no resultado final.

Meu plano financeiro de vida (PA)

Quadro 4.1 5W2H

PLANO DE AÇÃO

Selecione as respostas mais críticas de seu autocoaching e elabore um Plano de Ação efetivo e exequível (*checklist*)

Objetivo:

Pilar: Data:

	"O QUE FAZER (Etapas e subetapas)"	"POR QUE SERÁ FEITO (Justificativa/ Razões)"	"ONDE SERÁ FEITO (Local/ Situação)"	"QUANDO SERÁ FEITO (Início/Término/ Frequência)"	"POR QUEM SERÁ FEITO (Envolvidos)"	"COMO SERÁ FEITO (Método/ Estratégia)"	"QUANTO CUSTARÁ (Recursos/ Tempo/Custo)"	"NÍVEL DE CRITICIDADE (Alto/Médio/ Baixo"
1								
2								
3								
4								
5								

Fonte: Coaching4.com

4.2 Planos de correção e equilíbrio

A segunda categoria de Planos Direcionados é: **Planos de Correção e Equilíbrio**.

Planos corretivos são ideias para situações em que se percebe desequilíbrio e falta de controle no orçamento doméstico, ou ainda, para situações de débitos e dívidas que precisam ser administrados pelo coachee. Vamos conhecer os dois planos propostos nesta categoria:

4.2.1 Planejamento de orçamento doméstico

A pergunta mais importante para iniciar um Plano de Orçamento Doméstico é: como você usa o que ganha?

Segundo Craig Hill (2014), 96% das pessoas vivem sob a cultura de gastar 100% do que ganham ou mais.

Para Craig Hill, tão importante quanto a quantia que você ganha é como você usa o que ganha. Quando a cultura é gastar 100% ou mais do que se ganha, não importa o valor, sempre se estará em dificuldade financeira.

Famílias que administram um orçamento doméstico de 8 mil reais por mês e mantêm despesas de 8 mil reais por mês vivem pressionadas financeiramente, sem nenhum espaço pra despesas ou situações imprevistas que podem iniciar uma espiral de dívidas.

Por outro lado, uma família que desenvolveu o hábito de viver com 70% dos ganhos, quando suas entradas são de 5 mil reais por mês, assumem despesas de R$ 3.500 por mês. Usam a diferença de R$ 1.500 e investem em uma visão que se multiplica.

Em alguns anos, R$ 1.500 virarão R$ 30 mil ou mais, aumentando seu patrimônio líquido.

Craig defende que o conceito de riqueza não está em quanto você ganha, mas em como você gasta. Ou seja, se você é capaz de viver uma vida digna com menos do que ganha, considere-se uma pessoa rica. Isso nos leva a perceber dois problemas claros no processo de administração do orçamento doméstico:

- O primeiro problema é a cultura de gastar 100% ou mais do que ganha.
- O segundo problema é administrar os gastos em um pote só. Isso gera a sensação de que nunca ganhamos o suficiente para as nossas despesas.

Meu plano financeiro de vida (PA)

DOIS SISTEMAS DE ADMINISTRAÇÃO

Há uma sabedoria milenar de administração do orçamento doméstico, ensinada de pai para filho e resgatada pelo autor Craig Hill. Ela consiste em distinguir dois sistemas de administrar os seus gastos em **um pote** ou **múltiplos potes** que afetam diretamente a nossa psicologia de gasto. Administrar seu dinheiro em um pote significa que o seu dinheiro não tem uma destinação específica, é usado de forma indiscriminada à medida que as necessidades, vontades ou urgências vão aparecendo. O sistema de múltiplos potes estabelece uma destinação específica ao seu dinheiro, de acordo com prioridades, compromisso e propósito. As diferenças entre esses dois sistemas podem ser observadas no Quadro 4.2.1:

Quadro 4.2.1 Os dois sistemas de administração

	1 POTE	4 POTES
Administração	Armazenam o seu dinheiro em um único pote.	Distribuem seu dinheiro em quatro potes diferentes.
Prioridade	Primeiro vem o gastar, depois o poupar, investir e dar.	Prioriza-se o dinheiro respeitando valores e compromissos.
Limites	Não há limites, apenas vontade.	Cada pote tem uma porcentagem definida e limites voluntários.
Uso	O dinheiro é tudo igual e não tem destino específico.	Cada centavo tem um destino, e um pote jamais é usado para financiar o outro.

É verdade que esta sabedoria milenar pode precisar de adaptações em nossa era digital, na qual transações e moedas fluem em um mercado virtual. Para isso, pode-se usar *apps* de orçamento doméstico, que já fazem essa separação e criam limites de gasto por categoria.

O DESTINO DO DINHEIRO

A forma como irá organizar os seus potes orçamentários e dar destinos específicos ao seu dinheiro dependerá do seu projeto de vida, seus valores e suas prioridades. Queremos oferecer, todavia, um modelo simplificado de referência que poderia ser encaixado na maioria das famílias. A Figura 4.2.1 é um modelo adaptado da proposta de administração de potes do autor Craig Hill.

O MODELO DOS QUATRO POTES

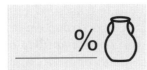

DAR
Caridade e generosidade (propósito e humanidade), honrar a Deus com dízimos (valores e fé).

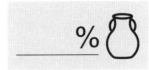

ECONOMIZAR
Poupança para compras maiores (patrimônio/sonhos). Poderá ser usado também para despesas inesperadas do futuro (emergências).

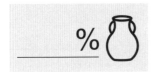

INVESTIR
Alocar seu dinheiro em multiplicadores que valorizarão e multiplicarão seus recursos.

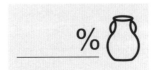

GASTAR
Destinado a necessidades (básico), desejos (conforto).

Figura 4.2.1 O modelo dos quatro potes.

PLANO DE AJUSTE DO ORÇAMENTO ATUAL

Defina TRÊS ações decisivas que remodelarão seu sistema orçamentário definitivamente.

- _____
- _____
- _____

O Modelo dos quatro potes é um sistema simples que divide o seu orçamento mensal em quatro destinos: o dar, o economizar, o investir e o gastar. Uma vida financeira saudável, equilibrada e frutífera estabelece diferentes destinos aos seus ganhos que lhe permitam um Plano Financeiro amplo, próspero e abrangente. Se houver dívidas, recomendamos alocar-se dentro do gastar um percentual de compromisso dedicado a amortizar seus débitos.

Meu plano financeiro de vida (PA)

Geralmente, no sistema de um pote, você terá todos os seus recursos comprometidos com o gastar, limitando que seu patrimônio cresça ou limitando suas possibilidades de assumir compromissos com pessoas e causas, tornando sua vida financeira infrutífera ou estéril, ou seja, sendo capaz de manter suas despesas cotidianas, mas não gerando nada com o passar dos anos.

APLICATIVOS PARA ADMINISTRAÇÃO DE ORÇAMENTO DOMÉSTICO

Usando o modelo dos quatro potes, você poderá encontrar uma ferramenta que simplifique sua administração do parâmento doméstico. A revista *Exame*, no seu artigo "15 *apps* e planilhas para controlar seus gastos em 2018" (Lewgoi, 2018), oferece 15 opções de aplicativos para *smartphones* iOS ou Android e PCs que se conectam à sua conta bancária e *organizam* os gastos e ganhos automaticamente. Reproduzimos essa lista a seguir, na íntegra. Confira e compare detalhes e configurações de cada aplicativo e escolha aquele que melhor se adéqua ao seu estilo e perfil.

1. B3

O *site* da B3 (antiga BM&FBovespa) disponibiliza uma planilha para baixar e organizar o orçamento. Ela reúne em apenas uma aba do Excel o orçamento de todos os meses do ano. É possível lançar despesas divididas em fixas, variáveis, extraordinárias e adicionais. O documento também permite incluir valores mensais destinados a investimentos em ações, Tesouro Direto, renda fixa, previdência privada e outras aplicações.

2. Gastos Diários 3

O aplicativo Gastos Diários 3 possibilita classificar receitas e despesas por categorias e agendar gastos e ganhos recorrentes. O *app* tem alguns diferenciais: faz um resumo dos seus gastos e ganhos todo mês, permite escolher o formato da moeda e da data que preferir a ferramenta e está disponível em dez línguas, se você quiser testar seus conhecimentos.

Também dá para proteger as informações com uma senha. O *app* está disponível somente para sistemas Android.

3. Grana

O Grana aposta na interface simples, sem anúncios, e sincroniza e categoriza dados da conta bancária de forma automática. O usuário consegue acompanhar gastos diários, semanais e mensais e exportar seus gastos para qualquer planilha financeira, até mesmo para o Google Drive. O *app* está disponível só para Android.

4. GuiaBolso

O aplicativo GuiaBolso permite que você controle suas finanças de forma 100% automática. Funciona assim: o usuário conecta seu banco, o *app* tem acesso à sua conta e sempre mostra o saldo e as transações bancárias atualizadas, sem que você precise preencher as informações.

O aplicativo também organiza os gastos automaticamente em categorias, e assim você sabe para onde o dinheiro foi. Também pode traçar metas e a ferramenta avisa quanto você ainda tem para gastar em cada categoria, e se está perto de estourar o orçamento.

O aplicativo ainda permite consultar seu CPF para checar se você tem pendências financeiras e pegar empréstimos conforme o seu perfil, mas cuidado! Não é para pegar empréstimos por qualquer motivo, pois a chance de se endividar é alta. O *app* está disponível para sistemas Android e iOS.

5. Idec

O Instituto Brasileiro de Defesa do Consumidor (Idec) disponibiliza uma planilha para baixar, salvar no seu computador e usar sem precisar de internet. Ela permite separar as compras parceladas com cartão de crédito e tem um espaço reservado para as previsões do próximo ano.

6. Jimbo

Desenvolvido pela Federação Brasileira de Bancos (Febraban), o Jimbo permite registrar despesas variáveis do dia a dia e despesas fixas, uma vez só. É possível customizar as categorias de gastos de acordo com o perfil de consumo.

Além de mostrar o saldo atual, o *app* mostra um resumo do mês e um gráfico que mostra ganhos e gastos mês a mês. A ferramenta também disponibiliza um espaço para registrar sonhos e monitorar o quanto você está poupando para realizá-los. O *app* está disponível para sistemas iOS, Android e Windows Phone.

7. Microsoft Office

As planilhas do Microsoft Office são para quem prefere modelos mais tradicionais de controle financeiro, mas não menos eficientes. Basta acessar o programa no seu computador, sem precisar de internet. Quem não tem o Microsoft Office pode acessar as planilhas online, no site.

8. Minhas Economias

O Minhas Economias é bem tradicional e funcional: permite inserir e categorizar os gastos, acompanhar sua evolução em gráfico e organizar a movimentação do cartão de crédito, da carteira, da conta corrente e da poupança.

Meu plano financeiro de vida (PA)

Além de receber alertas e acompanhar as metas, também dá para calcular suas transações com a ajuda de uma calculadora no próprio *app*, programar transações repetidas e inserir anotações. A ferramenta sincroniza seus dados em todas as plataformas e é protegida com um código de segurança de quatro dígitos. O app está disponível para sistemas Android e iOS.

9. **Minhas Finanças**

O Minhas Finanças integra contas e dados de contas e cartões de crédito e permite marcar no calendário as dívidas a serem pagas. Também possibilita que o usuário customize suas telas como quiser, faça transferências entre contas e gere gráficos por categorias de gastos.

Outro diferencial do *app* é que ele fornece estatísticas das despesas em cada dia, semana ou mês, detalha a média diária de gastos e compara a sua média atual com a de outros períodos. O *app* está disponível só para sistemas Android.

10. **Mobills**

O Mobills faz comparativos anuais e mensais de gastos e indica em que categoria o usuário gastou mais. Ele envia notificações por e-mail das contas a vencer e as informações são integradas em tempo real no aplicativo e no site. A ferramenta ainda lê as notificações de cartão de crédito enviadas por SMS. O *app* está disponível para sistemas Android, iOS e Windows Phone.

11. **Money Care**

O Money Care permite comparar gastos mês a mês e fornece relatórios para análise detalhada das movimentações por categoria, conta ou dia. A ferramenta mostra as contas pagas, não pagas e atrasadas e permite fazer transferências entre contas, além de realizar pagamentos automáticos. O *app* está disponível para sistemas Android e iOS.

12. **Money Lover**

O Money Lover tem um "modo viagem", o que facilita a organização do orçamento durante as férias, e as informações lançadas pelo usuário podem ser integradas ao Dropbox. A ferramenta envia notificações quando o orçamento atingir um limite estabelecido e quando as faturas estão para vencer. O *app* está disponível para sistemas Android, iOS e Windows Phone.

13. MoneyWise

O MoneyWise pode ser usado sem conexão com internet e é traduzido em nove línguas, entre elas, português. O app aceita todas as moedas e converte moedas com taxas de câmbio configuradas manualmente.

A ferramenta permite configurar mais de uma conta e orçamentos semanais, quinzenais ou mensais. Além disso, é protegida por senha e mostra gráficos das despesas ao longo do tempo e por categorias. O *app* está disponível para sistemas Android.

14. Organizze

O Organizze mostra as contas a pagar e a receber e permite categorizar gastos, receber alertas e fazer metas. O *app* funciona mesmo sem internet, não coleta dados bancários de forma automática e mostra relatórios com percentual de gastos por categorias.

A ferramenta tem uma versão paga, que custa 2,49 dólares por mês, que possibilita acessar múltiplas contas e cartões de crédito. O *app* está disponível para sistemas iOS e Android.

15. Wisecash

O Wisecash permite acompanhar metas de gastos e cadastrar lançamentos que se repetem a cada mês. A ferramenta oferece somente os recursos básicos de controle financeiro, o que para alguns usuários pode ser um facilitador: lançamento de gastos e ganhos diários, categorização das despesas e elaboração de gráficos. O *app* está disponível só para Android.

4.3 Plano de libertação financeira

O tempo sozinho não resolve as dívidas, pelo contrário, caso essa montanha chamada dívida não seja confrontada, é provável que continue crescendo dia após dia, criando um buraco negro em suas finanças e minando seus sonhos.

Para se vencer dívidas acumuladas é necessário um plano consistente e uma atitude disciplinada. Por isso, dedicamos esta seção para compreender a lógica das dívidas e oferecermos um modelo de trabalho para suas sessões de coaching.

Meu plano financeiro de vida (PA)

Figura 4.3 A montanha da dívida

RENDIMENTO × PATRIMÔNIO

É comum as pessoas medirem seu nível de prosperidade financeira com base no crescimento de seus **rendimentos mensais**. Em outras palavras, quanto maior for a soma de todos os meus ganhos financeiros, mais próspero sou. Verdadeiro ou falso?

Bem, o problema desse sistema de medição é que ele só retrata a "ponta do *iceberg*" e não representa a verdadeira realidade financeira na qual uma pessoa realmente se encontra. Como já vimos, o conceito de riqueza que usamos como base no coaching financeiro está na capacidade de viver com menos do que se ganha, por isso, dizer que está enriquecendo porque está ganhando mais pode não ser necessariamente verdade.

Alternativamente, há outra forma de medir prosperidade em nossa vida financeira, por meio do crescimento do **patrimônio líquido**.

> **Definição de Patrimônio Líquido**
> Patrimônio líquido é um conceito utilizado na contabilidade e representa a diferença entre todos os bens e direitos que possuo, chamados ativos, e todas as minhas dívidas e obrigações, chamadas passivos, conforme demonstrado na Equação 4.1.

$$\text{PATRIMÔNIO LÍQUIDO} = \text{ATIVOS} - \text{PASSIVOS}$$

Imagem 4.1 Equação do patrimônio líquido.

Seus ativos pessoais são a soma de todos os bens, direitos que acumulou até hoje. Estes podem ser tangíveis (fáceis de estimar em valor monetário), por exemplo: imóveis, veículos, propriedades, títulos públicos ou privados, participações em empresas ou fundos, *royalties*, joias, saldos de poupança, saldos em moeda estrangeira etc. Ou podem ser intangíveis (difíceis de estimar em valor monetário), como: direitos de marca, direitos autorais, patentes, permissões e todos os bens e direitos que lhe proporcionam rendimentos periódicos.

Já seus passivos são a soma de todas as suas dívidas, desde financiamento imobiliário, empréstimos pessoais, prestações, cheque especial, saldo devedor no cartão de crédito, débitos abertos de taxas e impostos, débitos abertos de contas etc.

Caso seus ativos, sejam exatamente iguais aos seus passivos, isso significa que o seu patrimônio líquido é zero. Da mesma forma, caso seus ativos superem em valor monetário seus passivos, você terá um patrimônio líquido superavitário. Por fim, se dispor de passivos superiores aos seus ativos, terá um patrimônio líquido deficitário.

Metaforicamente, imagine que o seu patrimônio líquido seja um avião em voo, quanto maior for, mais altitude tem no voo. Idealmente, queremos desenvolver um Plano Financeiro que permita que a nossa altitude de voo, ou seja, o nosso patrimônio líquido esteja em constante crescimento.

Da mesma forma, uma pessoa que está endividada ao ponto de ter um patrimônio líquido deficitário, já não está pilotando um avião, mas um submarino, sobrevivendo com oxigênio limitado debaixo da superfície. Quanto mais a sua situação patrimonial se agrava, mais esse submarino mergulha em um abismo escuro e desconhecido.

Meu plano financeiro de vida (PA) | 4

Está na hora de colocarmos em ação um plano de resgate para uma libertação financeira.

4.3.1 Tipos de dívida

Toda a dívida é ruim?

Segundo a autora e *best-seller* em finanças pessoais, Suze Orman, há dois tipos de dívidas: a **dívida boa** e a **dívida ruim**.

> **Dívida boa e dívida ruim**
> A dívida boa é aquela feita dentro de um planejamento financeiro que viabiliza ou acelera investimentos em você e/ou na sua família, e permite que seu patrimônio líquido cresça no médio ou longo prazos. O exemplo clássico é o financiamento imobiliário. Já a dívida ruim é aquela gerada a partir de gastos que atendem a desejos imediatos ao custo do seu futuro financeiro. O exemplo clássico é a dívida em cartão de crédito e cheque especial.

É melhor nunca ter dívida, mas nem todos nos preparamos para isso. Se for necessário fazer uma dívida, que seja para investir no crescimento futuro de seu patrimônio líquido.

4.3.1.1 A natureza da dívida

Lembro-me de uma história curiosa que ouvi sobre uma mulher que decidiu ter como bicho de estimação uma jiboia. Se não bastasse a escolha bizarra para criar esse animal dentro da sua casa, essa mulher ainda dormia com a cobra na cama.

Curiosamente, a mulher começou a perceber um comportamento estranho na cobra na hora de dormir. Por várias noites, a jiboia se esticava toda em volta da mulher. Ela também percebeu outro fato: a cobra havia parado de comer. Preocupada, ela levou o animal ao veterinário e descreveu todos os sintomas da aparente doença. O veterinário, ao ouvir a descrição narrada por essa mulher, mudou seu semblante e lhe disse: "Você não pode voltar com esta cobra para casa". A mulher se assustou com a reação do veterinário e perguntou: "O que tem de errado com ela?". "Com ela nada, está perfeitamente saudável", respondeu o veterinário que continuou a explicar: "Uma cobra, ao se esticar em torno de uma preza quer verificar se terá espaço suficiente para engoli-la. Ela não está comendo, pois está criando espaço para sua próxima preza de escolha: você."

Essa história é uma excelente representação de como muitos tratam as dívidas. Pensamos que uma dívida é como um animal de estimação inofensivo que podemos colocar dentro de casa, sem perceber a sua verdadeira natureza selvagem e destruidora.

A dívida é uma carga pesada que carregamos. Ela abate, ocupa a nossa mente e nos faz nos sentir escravos. A dívida rouba nossa capacidade de poupar, de investir e muitas vezes cresce mais rápido do que nossa capacidade de pagar.

A dívida é um tipo de escravidão que passa a dominar a nossa agenda, o que podemos e não podemos fazer, quando podemos fazer e assim por diante. Na sua sabedoria, rei Salomão deixa registrado em seus provérbios: "*O rico domina sobre o pobre, e o que toma emprestado é servo do que empresta.*"

4.3.1.2 Encare suas dívidas

O desrespeito e a negligência repelem o dinheiro. Como estratégia, respeite aqueles a quem você deve, sejam amigos ou parentes que lhe emprestaram, sejam empresas de crédito financeiro ou mercantil.

Não pagar as suas dívidas vai apenas destruir sua credibilidade, reputação e confiança que outros depositam em você. Isso repele o dinheiro e torna mais difícil encontrar oportunidades e novas formas de criar valor.

Não pagar as suas dívidas não as fará ir embora, pelo contrário, fará o seu dinheiro desaparecer e possivelmente seus relacionamentos valiosos.

Há uma minoria de pessoas que já aconselhei a trocar a sua estratégia de ignorar suas dívidas para encará-las de frente, mas que prefere não mudar. Todas essas pessoas nunca mais foram capazes de prosperar financeiramente. Perderam coisas muito mais valiosas que o dinheiro. Isolaram-se e carregam até hoje fardos emocionais e espirituais em suas vidas.

Lidar com o seu passado de dívida é o início da virada na sua vida financeira, levando seu submarino de volta à superfície. A seguir, vamos lhe apresentar um plano em sete passos, adaptado da autora Suze Orman, que vem ajudando milhares de pessoas a se libertar definitivamente das dívidas.

4.3.2 Os sete passos para a superação de dívidas

Livre-se das dívidas para sempre. Veja na Figura 4.3.2 os sete passos definitivos para conquistar sua libertação financeira.

Meu plano financeiro de vida (PA)

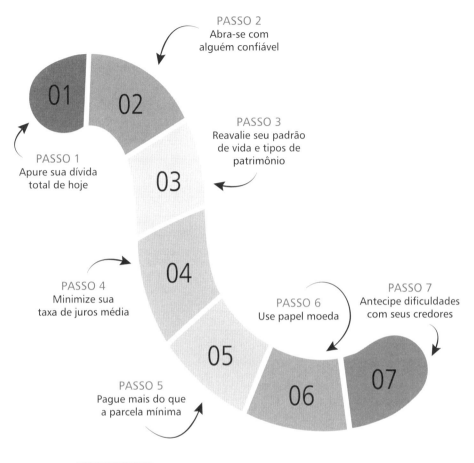

Figura 4.3.2 Os sete passos para superação de dívidas.

Passo 1 – Apure sua dívida total de hoje.

Clareza é poder, por isso, organize e junte todos os seus débitos atualizados e identifique o que e para quem você deve. Preencha a planilha apresentada Quadro 1.3.2a em ordem decrescente do débito com maior taxa de juros a menor. Liste todos os financiamentos incluindo imobiliário, veículos, estudantil, dívidas com familiares etc.

Quadro 4.3.2a Apuração total de dívida

APURAÇÃO TOTAL DE DÍVIDA							
Data de apuração:								
Credor	Débito atualizado total	Taxa de juros mensal	Pagamentos mínimos	Dados de pagamento	E-mail	Fone
TOTAL						

Passo 2 – Abra-se com alguém confiável.

Abrir-se com alguém não só produz alívio e quebra a tensão emocional, mas também gera compromisso para as próximas ações. Combine uma prestação de contas semanal/mensal sobre seu progresso ou dificuldades.

Por não estar emocionalmente envolvido nos seus problemas, seu confidente poderá inclusive oferecer-lhe conselhos ou uma segunda opinião sobre como agir. Lembre-se, contudo, de respeitar a si, o seu dinheiro e os seus credores.

Vou me abrir com...	
Escolho esta pessoa porque...	
Farei contato em...	
Prestarei conta das minhas ações na seguinte frequência...	
Continuarei prestando conta até*...	

*Recomendado até que os débitos estejam quitados.

Meu plano financeiro de vida (PA)

Passo 3 – Reavalie seu padrão de vida e tipos de patrimônio.

Tempo é dinheiro! Seu objetivo é aumentar a disponibilidade mensal para acelerar a quitação das dívidas e minimizar a incorrência dos juros. A partir da análise do seu orçamento doméstico (Quadro 4.3.2c), verifique quais grupos poderão ser redefinidos minimizando o impacto na vida familiar. Considere também a planilha do Quadro 4.3.2b, a liquidação ou a substituição de patrimônios para reduzir os custos fixos e potencializar a quitação de dívidas mais caras.

Quadro 4.3.2b Liquidação ou substituição de patrimônio

PATRIMÔNIO	NÃO DISPONÍVEL	DISPONÍVEL PARA VENDA OU SUBSTITUIÇÃO
Imóveis		
Propriedades		
Automóveis		
Barcos/Náuticos/Jatos		
Motos/Veículos esportivos		
Artigos Artísticos ou Relíquias		
Maquinários e Equipamentos		
Joias e artigos valiosos		
Participações		
Outros		

Coaching financeiro | Marion

Quadro 4.3.2c Análise do orçamento doméstico

DISPONIBILIZADOR DO ORÇAMENTO DOMÉSTICO			
Categorias	Média mensal atual	Novo orçamento	Aumento da disponibilidade mensal
Financiamento Residencial/Aluguel			
IPTU/Impostos de Propriedade			
Taxa de Condomínio/Manutenção Doméstica			
Seguro Residencial			
Gás			
Eletricidade			
Água e Esgoto			
Taxa de Lixo			
Telefone Fixo			
Celulares			
Serviços de Alarme e Segurança			
Diarista/Doméstica/Cozinheira/Babysitter			
Jardinagem/Limpezas Domésticas Especiais			
Limpeza de Piscina/Lareira/Churrasqueira etc.			
Supermercado			
Padaria/Hortifrúti/Feira/Açougue			
Restaurante/Bares/Pizza etc.			
Plano Médico/Odonto			
Despesas Médicas e Farmácia			
Veterinário/Pet Shop			
Financiamento de Carro/Aluguel/Táxi			
Outros Serviços de Transporte (ônibus, metrô etc.)			
IPVA/Seguro Obrigatório/Licenciamento			
Seguro de Automóvel			
Manutenção de Automóvel (óleo, pneu etc.)			
Combustível			
Estacionamento/Pedágios			
Roupas/Sapatos/Bolsas			

Meu plano financeiro de vida (PA)

Categorias	Média mensal atual	Novo orçamento	Aumento da disponibilidade mensal
Serviço de Lavanderia			
Joias/Relógios/Brinquedos/Eletrônicos etc.			
Compras Virtuais *Smartphones* (*Apps*)			
Salão de Beleza (cabelo, unhas, maquiagem etc.)			
Escola/Faculdade/Cursos			
Academia/Esportes/Nutricionista/Pilates etc.			
Psicólogo/Fono/Fisioterapeuta/Coach etc.			
Serviços Profissionais (contador, advogado etc.)			
Tarifas Bancárias e Imposto Financeiro			
Imposto de Renda			
Computadores e Manutenção			
Cartão de Crédito e Empréstimos			
Conselhos Profissionais e Sindicatos			
Livros e Assinaturas de Revista/Jornais etc.			
TV e Internet (compra e locação de filmes/música)			
Cinema/Teatro/Casa Noturna etc.			
Férias/Viagens/Eventos/Hobbies etc.			
Dízimos/Ofertas			
Doações e Contribuições			
Presentes (casamento/aniversário etc.)			
Loteria			
Cigarros, Charutos, Bebidas			
TOTAL	R$	R$	R$

Passo 4 – Minimize sua taxa de juros média.

A taxa de juros que você paga faz muita diferença. Veja Quadro 1.3.2d e compreenda o custo do dinheiro de acordo com o tipo de débito tomado. Verifique o custo do débito atual e faça um planejamento de minimização da taxa de juros.

Quadro 4.3.2d Análise de custo de dívida

TIPO DE CRÉDITO	TAXA DE JUROS ANUAL MÉDIA	ASSINALE ONDE TEM DÉBITO PENDENTE
Financiamento Imobiliário	12,00%	
Financiamento Automotivo	24,36%	
Crédito Consignado	43,74%	
Crédito Pessoal	63,61%	
Cheque Especial	218%	
Cartão de Crédito	363%	

Fonte: Banco Central – abr. 2018.

Passo 5 – Pague mais do que a parcela mínima.

Identifique a parcela máxima que pode pagar por mês por seus débitos. Escreva o montante a seguir:

- Parcela Mensal Máxima disponível para débitos: R$ _____

Revendo sua lista total de débitos em ordem decrescente por taxa de juros, estabeleça o pagamento mínimo oferecido pelo credor e some R$ 50:

Quadro 4.3.2e Pagamentos programados

CREDOR	PAGAMENTO MÍNIMO + R$ 50	TAXA DE JUROS	SALDO DEVEDOR
1.			
2.			
3.			
4.			
5.			
TOTAL			

Meu plano financeiro de vida (PA)

Calcule a diferença entre a parcela máxima disponível para débitos e o total de pagamento mínimo + R$ 50.

- Saldo extra disponível para débitos: R$ _____

Use essa diferença e aumente a parcela da dívida mais cara. Repita esse processo até o débito ser totalmente quitado e depois siga para o próximo débito com maiores juros da lista.

Esse processo pode levar meses, talvez anos. Mas saiba disso, a cada pagamento efetuado, você estará mais próximo de sua liberdade financeira!

Passo 6 – Use papel moeda.
Destrua todos seus cartões de crédito. A disciplina financeira é uma aliada poderosa nesse processo. Não dê margens para contrair novas dívidas.

Estabeleça seu orçamento dentro do que tem disponível e pague em dinheiro. Além de estabelecer limites, isso o ajudará na sua contabilidade mental, conscientizando-o do quanto está gastando em cada item no seu dia a dia.

Obs.: Se for extremamente necessário, tenha um único cartão com limite reduzido para emergências somente.

Passo 7 – Antecipe dificuldades com seus credores.
Caso haja algum imprevisto e/ou note que não poderá honrar suas parcelas mensais, comunique imediatamente o(s) credor(es) afetados. Pular parcelas ou atrasar pagamentos causa vergonha e desrespeita você. Lembre-se de que o desrespeito repele o dinheiro.

NÃO SE ENVERGONHE! Você está vivendo uma nova verdade e encarando seus problemas de frente. Você não é um fracasso, ou uma pessoa de mau caráter. Sua situação financeira não diminui seu valor ou importância. Se alguém for indelicado com você, retorne com educação e respeito sempre. Respeito atrai o dinheiro.

OPORTUNIDADES DISFARÇADAS DE PROBLEMA

Seja lá qual for seu nível de endividamento, quero encorajá-lo a renovar a sua perspectiva de vida. Primeiro, declare em voz alta que está endividado, mas não que é "um endividado". Sua dívida apenas reflete um estado atual que está vivendo, mas ela não te define ou representa sua identidade.

Lembre-se de que problemas são na verdade oportunidades de mudança, crescimento, desenvolvimento, superação e prosperidade. Muitas pessoas construíram fortunas porque um dia foram forçadas pela sua situação e condições a mudarem, a serem criativas, ousadas, determinadas e rescreveram sua história. Se foi possível com elas é possível para você.

> *"Como alguém se transforma em uma borboleta? Você deve ter um desejo tão grande por voar que lhe cause abrir mão de ser uma lagarta."*
>
> Trina Paulus

4.4 Plano de multiplicação

> *"Se tudo está sob controle, você não está indo rápido o suficiente".*
>
> Mário Andretti

Esta seção do livro é dedicada a ajudá-lo a desenvolver um Plano de Aceleração do Crescimento do seu **Fundo de Liberdade Financeira**. Você já sabe com precisão quanto custa o seu sonho financeiro por meio da sua Cifra de Riqueza (caso não saiba, siga as instruções do Capítulo 3). Agora criará um plano estratégico para chegar lá.

Esta seção vai lhe apresentar ideias e ferramentas poderosíssimas de multiplicação que lhe permitirão reduzir anos de investimento e de espera para a sua liberdade financeira. Todavia, não estou oferecendo uma receita de bolo. Cada Plano Financeiro é único, individual e carrega as particularidades de cada pessoa: seus valores, limites, ambições, versatilidade, propensão a riscos e a sacrifícios, pois a melhor estratégia é aquela que está nos seus termos.

Por isso, antes de conhecer as estratégias de multiplicação e aceleração, considere uma autoavaliação de cinco perguntas que o ajudará a determinar se suas ações serão agressivas ou conservadoras.

- **Ações conservadoras:** São iniciativas ou hábitos que afetarão até 50% do seu orçamento doméstico, estilo de vida ou patrimônio atual visando acelerar a conquista da sua Cifra de Riqueza.
- **Ações arrojadas:** São iniciativas ou hábitos que afetarão mais de 50% do seu orçamento doméstico, estilo de vida ou patrimônio atual visando acelerar a conquista da sua Cifra de Riqueza.

Meu plano financeiro de vida (PA)

AS CINCO PERGUNTAS PARA DEFINIÇÃO DE ESTRATÉGIA

As perguntas a seguir o ajudarão a definir seu tipo de estratégia ideal. Lembre-se de que é você que está no controle do tipo de plano que conduzirá.

1. **Qual é o seu ponto de partida? Quanto tem hoje aplicado no seu Fundo de Liberdade Financeira?**

   Meu saldo atual é R$ _____.

2. **Com honestidade e compromisso, determine quanto pode disponibilizar por mês para o Fundo de Liberdade Financeira? (Considere a possibilidade de alguns ajustes no seu orçamento.)**

   Aplicações mensais de R$ _____.

3. **Quanto você espera que sua renda mensal cresça nos próximos 2, 5 e 10 anos?**

   Previsão de incremento monetário:
   - Em 2 anos R$ _____
   - Em 5 anos R$ _____
   - Em 10 anos R$ _____

4. **Qual a porcentagem dos acréscimos futuros de seus rendimentos que se compromete a destinar ao Fundo de Liberdade Financeira?**

   Percentual dos acréscimos de rendimento destinado ao Fundo de Liberdade Financeira: _____%

5. **Qual a taxa mensal de rentabilidade que você espera obter nos próximos anos?**

   Taxa Mensal de Rentalidade Esperada: _____%

Excelente, você está pronto para iniciar a elaboração do seu Fundo de Liberdade Financeira (ou ajudar o seu coachee a construir o dele). O Fundo de Liberdade Financeira será o financiador do seu sonho!

4.4.1 As cinco estratégias aceleradoras

Tempo é dinheiro, por isso, os aceleradores são tão valiosos quando se trata de conquistar seu sonho financeiro.

Os aceleradores funcionam como catapultas que lançam seu status financeiro adiante em uma velocidade muito maior do que em um plano simples e tradicional. Oferecemos nesta seção três modelos de desenvolvimento que podem ser usados isoladamente, ou de forma combinada em suas sessões de coaching, ou fazendo uma aplicação direta para turbinar seu Plano Financeiro:

- As cinco Estratégias Aceledoras.
- Efeito Multiplicação.
- Mapa do Milhão.

Vamos começar com as **Cinco Estratégias Aceleradoras** demonstradas na Figura 4.4.1.

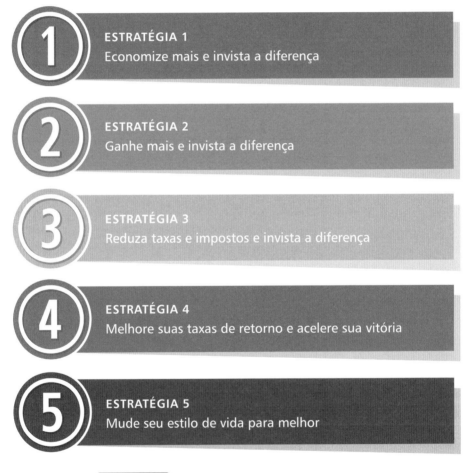

Figura 4.4.1 As cinco Estratégias Aceleradoras.

Meu plano financeiro de vida (PA)

ESTRATÉGIA 1
Economize mais e invista a diferença.

Esta estratégia consiste no esforço consciente de "apertar os cintos", ou seja, economizar do seu orçamento doméstico e aumentar o saldo disponível para investir. Para isso é necessário que você avalie despesa por despesa e considere onde poderá fazer mudanças. Pequenas mudanças podem fazer grande diferença no longo prazo.

Minha experiência de coaching tem mostrado que a primeira reação das pessoas a esta estratégia é rejeitá-la completamente, afinal, de onde se poderia economizar mais, se já está difícil viver com o que ganho? Talvez isso seja verdade, mas talvez seja apenas uma mentalidade que vem sendo cultivada e virou crença. É verdade que economizar implica sacrifícios, porém, se comparados aos benefícios futuros que buscamos, tornam-se pequenos. Por isso, antes de se fechar para a ideia de economizar e investir, considere com sinceridade duas possibilidades:

- **Possibilidade 1:** Criar justificativas é um tipo de mecanismo de defesa que usamos para evitar perdas ou privações. A melhor estratégia de superar isso é criando um novo sistema de crenças, usando as novas verdades sobre você. Conte uma nova história sobre você, desta vez, não como vítima sofredora, mas como um herói do seu destino.

- **Possibilidade 2:** Não tem de onde economizar hoje? Economize mais amanhã. Se sua realidade não lhe permite gerar novas economias, poderia comprometer 30% de suas entradas adicionais? (Restituição de IR, 13º, comissões, bônus, horas extras etc.).

HORA DE DECISÃO:
ECONOMIZE MAIS E INVISTA A DIFERENÇA.
Escreva suas ideias no papel, classifique-as como conservadoras ou arrojadas e defina em que prazo serão ação de curto (até 1 ano), médio (até 5 anos), longo (acima de 5 anos).

Ações conservadoras:
- _____ ; Prazo (C/M/L) _____
- _____ ; Prazo (C/M/L) _____

Ações arrojadas:
- _____ ; Prazo (C/M/L) _____
- _____ ; Prazo (C/M/L) _____

ESTRATÉGIA 2

Ganhe mais e invista a diferença.

Libere sua criatividade para encontrar formas de fazer mais pelos outros que qualquer um. É assim que você aumenta suas oportunidades de ganhar mais. Qual poderia ser o aumento nos seus rendimentos se aumentasse o seu valor percebido pelo seu mercado?

Quanto vale o que você faz e o que você sabe? Martine Rothblatt, CEO da United Therapeutics Corp., vale US$ 38,2 milhões por ano. Por quê? Ela gerou bilhões para sua empresa.

Invista em você. Essa é a forma de se tornar mais valioso. Se quer ser o primeiro, seja o que sirva, se reinstrumentalize. Diga: para que as coisas melhorem, eu preciso melhorar!

Você é um multiplicador.

Pense em como você vai gerar mais valor ao mundo. Responda:

- Quais oportunidades estão à sua volta que não estão sendo aproveitadas ao máximo?
- Quais as tendências no seu mercado que te colocariam na frente?
- Como você pode aumentar o valor no que você faz?

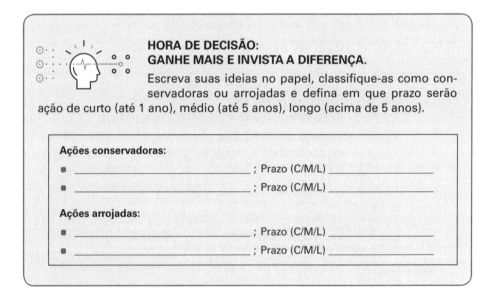

**HORA DE DECISÃO:
GANHE MAIS E INVISTA A DIFERENÇA.**
Escreva suas ideias no papel, classifique-as como conservadoras ou arrojadas e defina em que prazo serão ação de curto (até 1 ano), médio (até 5 anos), longo (acima de 5 anos).

Ações conservadoras:
- _____ ; Prazo (C/M/L) _____
- _____ ; Prazo (C/M/L) _____

Ações arrojadas:
- _____ ; Prazo (C/M/L) _____
- _____ ; Prazo (C/M/L) _____

Meu plano financeiro de vida (PA)

ESTRATÉGIA 3

Reduza taxa e impostos e invista a diferença.

Quem não gostaria de pagar menos imposto que atire a primeira pedra. A eficiência fiscal é um grande aliado na composição de sua Cifra de Riqueza, especialmente no longo prazo. Nesta estratégia, considere os impostos que incidem sobre aplicações financeiras e qual a melhor forma de minimizá-las ou até evitá-las.

Principais impostos e suas características

- **IOF:** Os investimentos em poupança estão isentos desta tributação. Para CDBs, fundos DI e fundos de curto prazo, a tributação ocorre para saques com menos de 30 dias de aplicação, sobre a rentabilidade, e é proporcional ao número de dias aplicados. A alíquota, nesse caso, é regressiva, ou seja, diminui à medida que aumenta o prazo de aplicação. Nesse contexto, as alíquotas variam de 96%, para aplicações por 1 dia, até 3%, para aplicações por 29 dias.

- **IR:** A poupança, mais uma vez, está isenta do pagamento de Imposto de Renda, no caso de investimentos feitos por pessoa física. Para pessoa jurídica, no entanto, há a incidência do IR. Para os demais investimentos exemplificados, a alíquota do IR depende do tempo de aplicação, conforme detalha a Tabela 4.2.1.

A seguir, listamos ações a considerar:

- Dê aos tributos, às taxas de carregamento e de administração a devida atenção.
- Considere Planos de Previdência com dedutibilidade tributária (PGBL).
- Calcule o impacto dos tributos nos rendimentos e verifique os ganhos líquidos.
- Quando possível, postergue o pagamento do imposto e multiplique seu capital.

A incidência de IR sobre Investimentos em Renda Fixa decresce de acordo com o prazo do investimento. Menos dinheiro para o governo e mais multiplicando no seu fundo.

4 Coaching financeiro | Marion

Tabela 4.2.1 Incidência do IR nas aplicações financeiras de renda fixa

PRAZO DA APLICAÇÃO	% IR SOBRE O RENDIMENTO BRUTO
Até 180 dias	22,50%
De 181 a 360 dias	20%
De 361 a 720 dias	17,50%
Acima de 720 dias	15%

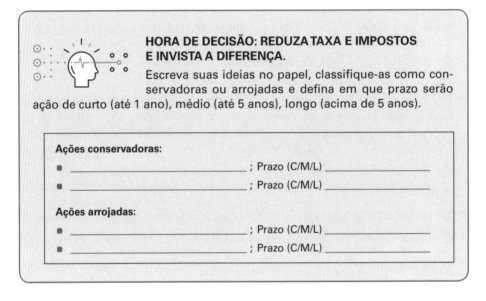

HORA DE DECISÃO: REDUZA TAXA E IMPOSTOS E INVISTA A DIFERENÇA.

Escreva suas ideias no papel, classifique-as como conservadoras ou arrojadas e defina em que prazo serão ação de curto (até 1 ano), médio (até 5 anos), longo (acima de 5 anos).

Ações conservadoras:
- _____ ; Prazo (C/M/L) _____
- _____ ; Prazo (C/M/L) _____

Ações arrojadas:
- _____ ; Prazo (C/M/L) _____
- _____ ; Prazo (C/M/L) _____

ESTRATÉGIA 4

Melhore suas taxas de retorno e acelere a sua vitória.

Pense que uma taxa de retorno anual de 10% dobra a cada 7,2 anos, já uma taxa de retorno de 4% ao ano dobra a cada 18 anos. Por isso, taxa de rentabilidade faz muita diferença.

Mesmo entre as aplicações conservadoras, há muita diferença. Compare as taxas de rentabilidade entre poupança, Tesouro Direto, CDBs e fundos DI.

Considere também o nível de risco atrelado, especialmente em renda variável. Riscos não precisam ser evitados, mas administrados. Seu objetivo por segurança ou independência também podem influenciar.

Meu plano financeiro de vida (PA)

Renda Fixa e Renda Variável

Há inúmeras opções de investimentos em um mercado financeiro. Essas opções podem ser organizadas em dois grupos: os de renda fixa e os de renda variável. Os investimentos em **renda fixa** são mais previsíveis, as regras de remuneração estão definidas no momento da aplicação. Essas regras definem desde o prazo até as taxas (juros) e o momento de rentabilização do seu capital. Os tipos de investimentos de renda variável mais conhecidos são: poupança, Tesouro Direto, CDBs e fundos DI.

Já os investimentos em renda variável têm um retorno imprevisível. Em outras palavras, o preço que pagou pelo ativo financeiro pode subir ou descer. Caso ele suba e você o venda a um preço mais alto de que comprou, você embolsa um lucro. Mas caso ele caia e você o venda por um preço abaixo do que comprou, você amarga um prejuízo. Os tipos de investimentos de **renda variável** mais conhecidos são: ações, fundos de renda variável (fundo de ação, multimercado e outros), quotas ou quinhões de capital, commodities (ouro, moeda e outros), derivativos (contratos negociados nas Bolsas de Valores, de mercadorias, de futuros e assemelhadas) e imóveis (FIIs, especulação e retorno de aluguéis).

Qual é o seu perfil de risco de investimento? Conheça a si mesmo!

Um investimento é uma maneira de fazer seu dinheiro trabalhar para você, para que, assumindo riscos calculados, possa gozar da promessa de uma recompensa melhor. Investir bem é muito melhor do que simplesmente esconder o seu dinheiro em um recanto de sua casa. Quanto mais você souber sobre o risco e como isso pode afetar você e sua situação, melhor estará.

Risco

O conceito de "risco" nos investimentos tem a ver com a volatilidade (incerteza) sobre o preço futuro de um ativo financeiro. Quanto mais volátil (incerto), mais arriscado ele é. Isso se dá porque você pode ganhar e também perder mais dinheiro, comparado a um investimento que não flutua tão imprevisivelmente.

Seguindo esse conceito de investimento, o "perfil arrojado" é aquele investidor que está disposto a tolerar um "alto risco" nos seus investimentos, visando obter retornos mais altos devido à sua maior volatilidade. Em contraste, o perfil conservador é aquele investidor que busca prioritariamente o "baixo risco", ou seja, ativos financeiros com um retorno mais previsível e estável. Há uma lei que afirma que seus retornos são diretamente proporcionais ao risco que você assume.

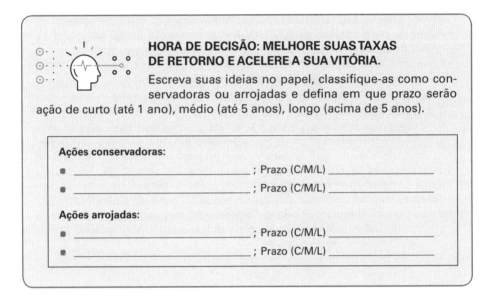

ESTRATÉGIA 5
Mude seu estilo de vida para melhor.

Pesquisas mostram que mudar de cidade podem acelerar em até 10 anos a sua independência financeira e ainda aumentar sua qualidade de vida.

Mudar de cidade, por exemplo, pode reduzir 15% seu custo de vida, ou ainda aumentar de 10% a 30% seus rendimentos.

Acesse: www.custodevida.com.br/brasil. Alguns impostos como ISS e IPTU também variam de cidade para cidade.

Dê uma girada no globo e encontre lugares maravilhosos com oportunidades e excelente custo de vida.

Meu plano financeiro de vida (PA)

HORA DE DECISÃO:
MUDE SEU ESTILO DE VIDA PARA MELHOR.

Escreva suas ideias no papel, classifique-as como conservadoras ou arrojadas e defina em que prazo serão ação de curto (até 1 ano), médio (até 5 anos), longo (acima de 5 anos).

Ações conservadoras:
- _____ ; Prazo (C/M/L) _____
- _____ ; Prazo (C/M/L) _____

Ações arrojadas:
- _____ ; Prazo (C/M/L) _____
- _____ ; Prazo (C/M/L) _____

4.4.2 O efeito da multiplicação

Use os juros compostos.

Um dos grandes benefícios que o investidor brasileiro tem ao seu favor são os juros compostos. Isso significa que em 20 anos investindo mil reais (1% a.m.), você pode ter 1 milhão, constituído de 24% do dinheiro que saiu do seu bolso e 76% de juros que renderam.

Juros Compostos

São os juros sobre os juros. Isso significa que, mesmo com parcelas mensais pequenas, podemos atingir saldos milionários no longo prazo.

O dinheiro trabalha enquanto você dorme. Se em algum momento da sua vida tiver que interromper suas aplicações, o dinheiro continuará trabalhando por você.

109

ESTABELEÇA OBJETIVOS EM DIFERENTES PRAZOS

Comprometa-se. Crie alvos bem definidos para curto, médio e longo prazos. Por exemplo:

- Acumular R$ 43 mil em 3 anos.
- Acumular R$ 82,5 mil em 5 anos.
- Acumular R$ 232 mil em 10 anos.

Defina:

- O quanto se compromete a atingir no curto prazo, até 2 anos?

_____

- O quanto se compromete a atingir no médio prazo, até 5 anos?

_____

- O quanto se compromete a atingir no longo prazo, até 20 anos?

_____

4.4.3 Mapa do milhão

O Mapa do Milhão, demonstrado no Quadro 4.4.3, é a cereja no topo do bolo e a ferramenta final para definição de um plano financeiro robusto e inteligente. O Mapa do Milhão apresenta os diferentes caminhos que você pode escolher combinando prazo, rentabilidade e parcelas mensais para atingir seu primeiro milhão.

Meu plano financeiro de vida (PA)

Quadro 4.4.3 Mapa do Milhão

QUANTO PRECISO POUPAR POR MÊS (POR PRAZO E TAXA DE RENTABILIDADE)?

PRAZO PARA INVESTIR (ANOS)	3	5	8	10	15	20	25	30	35	40
Rentabilidade do Investimento/Mês	36	60	96	120	180	240	300	360	420	480
0,40%	25.831,18	14.779,74	8.564,92	6.509,06	3.804,14	2.489,57	1.729,97	1.246,65	920,05	690,26
0,45%	25.650,82	14.555,04	8.351,22	6.303,14	3.617,87	2.322,52	1.581,30	1.115,31	804,81	589,84
0,50%	25.421,94	14.332,80	8.141,43	6.102,05	3.438,57	2.164,31	1.443,01	995,51	701,90	502,14
0,55%	25.194,54	14.113,02	7.935,52	5.905,74	3.266,14	2.014,72	1.314,69	886,59	610,37	425,95
0,60%	24.968,62	13.895,69	7.733,46	5.714,19	3.100,47	1.873,49	1.195,89	787,88	529,32	360,11
0,65%	24.744,18	13.680,81	7.535,24	5.527,34	2.941,42	1.740,36	1.086,14	698,71	457,81	303,47
0,70%	24.521,22	13.468,37	7.340,83	5.345,15	2.788,87	1.615,04	984,99	618,38	394,96	254,97
0,75%	24.299,73	13.258,36	7.150,20	5.167,58	2.642,67	1.497,26	891,96	546,23	339,93	213,61
0,80%	24.079,72	13.050,76	6.963,34	4.994,57	2.502,67	1.386,71	806,58	481,60	291,90	178,49
0,85%	23.861,17	12.845,59	6.780,20	4.826,07	2.368,74	1.283,10	728,37	423,87	250,11	148,77
0,90%	23.644,09	12.642,81	6.600,76	4.662,03	2.240,70	1.186,12	656,88	372,42	213,87	123,71
0,95%	23.428,47	12.442,44	6.424,98	4.502,39	2.118,40	1.095,48	591,65	326,69	182,53	102,65
1,00%	23.214,31	12.244,45	6.252,84	4.347,09	2.001,68	1.010,86	532,24	286,13	155,50	85,00
1,10%	22.790,37	11.855,59	5.919,32	4.049,27	1.784,31	858,53	429,21	218,53	112,28	57,96
1,20%	22.372,23	11.476,15	5.599,91	3.768,05	1.587,23	726,77	344,61	166,02	80,59	39,26
1,30%	21.959,87	11.106,04	5.294,31	3.502,89	1.409,08	613,33	275,56	125,52	57,53	26,44
1,40%	21.553,27	10.745,16	5.002,19	3.253,24	1.248,52	516,11	219,53	94,49	40,87	17,72
1,50%	21.152,40	10.393,43	4.723,21	3.018,52	1.104,21	433,12	174,30	70,85	28,92	11,82

Em quanto tempo pretende chegar a 1 milhão?
Qual será sua estratégia de poupança mensal/semestral?
Qual será sua estratégia de investimento e rentablidade?

A FORMA COMO COMEÇA FAZ MUITA DIFERENÇA

O primeiro milhão é o mais difícil, especialmente se começar com um saldo zero. Por isso, se você ou seu coachee pretendem chegar ao primeiro milhão em prazo inferior a 20 anos, verifique a possibilidade de iniciar com um saldo mais elevado, liquidando alguns de seus ativos atuais. Considere a seguinte estratégia:

- Aplicação mensal: R$ 1.010,86
- Taxa de juros: 1% a.m.

Se começar com zero, levará aproximadamente 20 anos.

Se começar com R$ 100.000 (10% do valor total), levará aproximadamente 14 anos (30% mais rápido).

Se começar com R$ 300.000 (30% do valor total), levará aproximadamente 8,5 anos (58% mais rápido).

Se começar com R$ 500.000 (50% do valor), levará aproximadamente 5 anos (75% mais rápido).

Veja que a proporção de velocidade para chegar no primeiro milhão é multiplicada quando aumentamos o saldo inicial, mantendo a mesma aplicação mensal de R$ 1.010.86.

Nos mesmos moldes, atingir o segundo milhão inteiro levaria 5 anos e 6 meses.

Vamos supor que com dois milhões você pare de investir e só deixe o dinheiro trabalhar por você. Em 3 anos e 5 meses, nas mesmas condições de rentabilidade, você ganharia mais um milhão sem colocar do seu bolso um centavo.

Como seria sua vida com R$ 3 milhões no seu Fundo de Liberdade Financeira?

Com rendimentos de 1% ao mês sobre os R$ 3 milhões do seu Fundo de Liberdade Financeira, você teria uma renda mensal de R$ 30 mil bruto, sem precisar trabalha por isso. Talvez isso cubra sua segurança financeira, talvez sua vitalidade financeira, ou até mesmo sua independência financeira.

5
O QUE ESTÁ ARMAZENADO EM SUA MEMÓRIA FINANCEIRA?

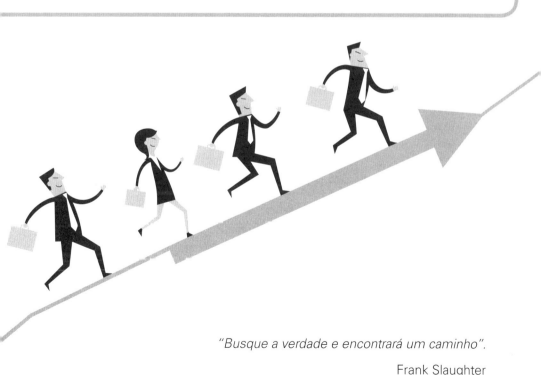

"Busque a verdade e encontrará um caminho".

Frank Slaughter

Coaching financeiro | Marion

- Qual é e como se formou o seu modelo financeiro?
- Quais os resultados que este modelo vem produzindo para você?
- Como um modelo financeiro novo poderá acelerar o seu Plano Financeiro?

5.1 O passado guarda a chave do futuro

Se chegou até este capítulo seguindo os passos oferecidos nos capítulos anteriores é certo que tem em suas mãos muito mais do que um desejo de ganhar na loteria e se tornar um milionário, ou ainda ter um mero Plano Financeiro superficial, desconectado de sua realidade, propósito e valores. A esta altura, você já tem clareza sobre três coisas:

- Onde você está financeiramente hoje.
- Aonde quer chegar, inclusive com uma Cifra de Riqueza definida.
- Qual será o passo a passo para chegar lá em um Plano Financeiro detalhado.

Que mais há para se saber em relação ao seu Plano Financeiro?

É uma ótima pergunta e fico feliz que tenha perguntado. Ter um alvo bem definido e um plano escrito, como vimos, aumentará 9 vezes sua chance de realizá-lo, mas os obstáculos exteriores que você previu no seu plano não são os únicos nem os mais difíceis que irá enfrentar. Os maiores obstáculos são os interiores, como a dúvida na forma de ceticismo, a hesitação na forma de justificativas, a procrastinação, a passividade na forma de vitimização, a impaciência fruto de crenças, padrões e hábitos desenvolvidos ao longo dos anos. Mudanças são difíceis, mas não impossíveis. Assim é necessário compreender qual é a programação financeira estabelecida em você, fruto das mensagens sobre o dinheiro que ouviu na sua infância e das memórias financeiras mais marcantes da sua história. Este capítulo dedica-se a ajudá-lo a descobrir o que está armazenado em sua memória financeira a fim de minimizar decisões tomadas em piloto automático que potencialmente sabotarão seu Plano Financeiro.

Bem, se todos guardamos memórias financeiras, pare e pense um pouco: quais são os eventos marcantes da sua história envolvendo dinheiro? Quais as associações que fez do dinheiro a partir desses eventos? Por exemplo, pense em, quando você primeiro compreendeu que dinheiro era dinheiro, o que ele pareceu para você:

O que está armazenado em sua memória financeira?

- Promotor de prazer: sorvete, carrossel, viagem...
- Criador de dor: brigas entre pais, desejos não realizados pelo aperto orçamentário.
- Sensação de vergonha: sentir-se inferior por não ter as mesmas coisas que outros colegas.

5.2 Mensagens do dinheiro

Nossas memórias são resultados também das mensagens primárias que recebemos dos nossos pais ou tutores a respeito do dinheiro, especialmente em nossa formação até 12 anos de idade.

Essas mensagens primárias influenciam a forma como vemos e nos relacionamos com o dinheiro. Considere os tipos de mensagem que você recebeu, por exemplo:

- "Ricos são arrogantes, não compreendem ou valorizam as coisas da vida".
- Talvez sua mãe expressasse que mulheres são inúteis no que se refere a ganhar e administrar dinheiro.
- Minha família sempre viveu no limite, portanto é satisfatório viver hoje na mesma situação.

QUESTIONÁRIO SOBRE AS MENSAGENS DO DINHEIRO

Responda no Quadro 5.1 "sim" ou "não" para as questões a seguir. Não há respostas certas ou erradas. Trata-se de um exercício para ativar sua memória:

Quadro 5.1 Questionário sobre as mensagens do dinheiro

SIM	NÃO	QUESTÃO
		Seus amigos tinham coisas que você não tinha?
		Percebia que seus amigos usavam roupas ou tinham brinquedos melhores que o seu?
		Seus parentes faziam viagens de férias melhores que a sua?
		Sentia vergonha por ter muito mais ou muito menos do que seus amigos?
		Tinha vergonha de trazer seus amigos para sua casa?

SIM	NÃO	QUESTÃO
		Seus amigos tinham carros mais caros que o seu?
		Você ouvia seus pais brigando frequentemente por causa de dinheiro?
		Sua mãe escondia as coisas que comprava de seu pai para evitar brigas?
		Você precisava demonstrar ótimo comportamento para conquistar presentes especiais na sua infância?
		Você ganhava dinheiro sempre que visitava seus avós?
		Você recebia presentes em dinheiro ao invés de receber algo escolhido para você?
		Recebeu presentes na sua infância que foram particularmente especiais?
		Você roubava dinheiro dos seus irmãos, da carteira do papai, ou da loja da esquina?
		Você recebia uma mesada menor que seus irmãos, amigos ou parentes próximos?
		Quando você ganhava dinheiro como presente, alguém lhe orientava o que fazer com ele?

No que se refere à nossa memória, o professor Daniel Kahneman descobriu que as memórias mais vivas estão ligadas a dois fatores:

- picos emocionais, e
- como um certo evento terminou.

Ou seja, caso você tenha experimentado alguma sensação de dor, seguida de uma dor menor, a sua lembrança daquele evento será mais amena do que a de alguém que encerrou um evento no pico da dor. Outro fator de influência é quanto mais antigo, mais enraizado e influente é uma memória. Isso se deve à ausência de filtros cognitivos que são desenvolvidos com a maturidade cerebral, ou seja, uma criança de 3 anos sofre muito mais a influência de um ambiente tóxico do que uma de 12 anos.

O que está armazenado em sua memória financeira?

Como ilustração, vamos considerar três pessoas, com nomes hipotéticos: Ana, João e Sara. A seguir, veremos o registro de memória financeira que cada um descreveu da sua infância:

Memória financeira de Ana

"Lembro-me de receber do meu pai uma mesada menor que a do meu irmão mais velho e do meu irmão caçula, o que fazia me sentir inferior e não merecedora."

Memória financeira de João

"Lembro-me de me esconder no banco de trás da limusine de meu pai para que meus amigos não me vissem. Apesar de ter mais dinheiro que meus amigos, não queria ser ou me sentir diferente."

Memória financeira de Sara

"Quando tinha 12 anos, pedi para minha mãe um novo vestido para ir ao baile da escola. Minha mãe me disse que eu estava sendo egoísta por pedir um novo vestido pois não havia dinheiro para pagar as contas. Acabei não indo ao baile e dizendo que fiquei doente."

Minha memória financeira

Tire alguns minutos e procure trazer as memórias mais antigas que formaram suas crenças e conceitos sobre o dinheiro em sua vida adulta. Você poderá se surpreender de como memórias aparentemente inocentes têm tão grande poder de influência e mesmo bloqueios sobre a maneira como nos relacionamos com o dinheiro.

Esta etapa ajudará você ou seu coachee a aumentar a autoconsciência sobre aquilo que tem governado sua vida financeira.

Este exercício funciona melhor como uma visualização retroativa conduzida por um coach (olhos fechados e com concentração).

A partir das mensagens do dinheiro que lembrou no Quadro 5.1, identifique uma que mais tenha lhe marcado emocionalmente. Talvez sejam apenas fragmentos de memória. Use-os. Como uma criança, veja a cena. As questões a seguir o ajudaram a construir essa imagem.

- É uma memória feliz ou triste?
  _____

- Onde você está?
  _____

- Quem mais de importante faz parte desta cena? É importante que pai e mãe ou cuidadores façam parte.
  _____

- Havia riso, discussão, choro na cena? Qual a emoção associada?
  _____

- O que estava acontecendo nesta cena?
  _____

- Como isso lhe fez sentir-se?
  _____

- Qual a mensagem do dinheiro que recebeu nessa experiência?
  _____

- Você consegue ver essa mensagem (verdade) atuante em sua vida adulta hoje? Como?
  _____

5.3 Programação financeira

Já reparou como tem pessoas que parecem sempre estar no lugar certo e na hora certa? Tudo que fazem prospera, atraem o dinheiro, os bons negócios, e parece que são capazes de descobrir oportunidades nos lugares mais inusitados. É curioso, pois não são essas pessoas que têm necessariamente o maior grau de escolaridade, ou ainda, aquelas que nasceram em "berço de ouro". O que essas pessoas têm em comum é uma programação financeira que opera diferente de outras. Essa programação financeira afeta a forma como enxergamos e interpretamos os fatos à nossa volta e nos leva a reagir automaticamente.

O que está armazenado em sua memória financeira?

Mais do que seu Plano Financeiro, será a sua programação financeira que determinará o nível de prosperidade que você experimentará na sua vida.

Em processo de coaching financeiro, trabalhamos com duas linhas paralelas. A primeira é a mente consciente pela qual são estabelecidos metas e planos direcionados, observando as regras externas do dinheiro. A segunda é a mente inconsciente pela qual redefinimos limites, determinamos o que é possível e projetamos uma nova capacidade de conquistar e conservar dinheiro. Tudo isso se dá a partir das regras internas do dinheiro em nós.

Programação Financeira

É um condicionamento predefinido em nós. Esse condicionamento determina como nos comportamos, fazemos escolhas, (re)agimos e construímos hábitos em relação a dinheiro.

Esse condicionamento não nasceu conosco, foi adquirido e aprendido desde a primeira infância até atingirmos maturidade no desenvolvimento cognitivo, por volta dos 12 anos de idade. Todas as mensagens do dinheiro que ouvimos, assistimos e experimentamos de maneira frequente ou sob fortes emoções (positivas ou negativas) foram impressas em nossa mente inconsciente, assim como um programador codifica um *software* para funções autoexecutáveis a partir de certos gatilhos.

As programações tornaram-se, em nossa vida adulta, verdades incontestáveis e absolutas sobre o dinheiro. Programações não necessitam de raciocínio lógico. Fazemos porque foi assim que aprendemos e compreendemos o sentido das coisas. Nesse processo de aprendizagem, criamos inúmeras associações emocionais, baseadas nas sensações de dor ou prazer que cada situação nos causou.

Ao longo desta seção, continuaremos a explorar a programação financeira, sua origem e a influência que causa em você.

Vamos começar com duas analogias propostas por T. Harv Eker no seu livro *Os segredos da mente milionária*: aprenda a enriquecer mudando seus conceitos sobre o dinheiro e adotando os hábitos das pessoas bem-sucedidas, o **Termostato Financeiro** e a relação de **Causa e Efeito**.

TERMOSTATO FINANCEIRO

O termostato é um instrumento que tem a função de impedir que a temperatura de determinado ambiente varie além de certos limites preestabelecidos. Portanto o seu termostato financeiro determina quais resultados financeiros terá. Se sua mente está programa para R$ 1.000, este será o seu limite, já se for R$ 1 milhão, esse será o seu limite. Você nunca será maior do que aquilo que está determinado no seu termostato financeiro.

Neurologicamente, seu termostato financeiro representa seu senso de possibilidade, capacidade e mérito. Ou seja, se não tem uma mente milionária, seu radar financeiro não considerará oportunidades milionárias quando elas aparecerem para você. Essas oportunidades estão além dos limites estabelecidos pelo seu termostato financeiro e lhe causam a sensação de estarem além das possibilidades, da sua capacidade ou mesmo do que você merece.

Quando um evento da vida o leva a exceder os limites do seu termostato financeiro, isso causa uma pane na sua programação. Mesmo que se sinta feliz por uma promoção no trabalho que lhe proporcionou um aumento de rendimento, um novo contrato no seu negócio maior do que poderia imaginar, ou mesmo ter um bilhete premiado na loteria, tudo isso, no seu interior, pode parecer não estar certo, pode fazê-lo se sentir culpado e não saber por quê. É como se não tivesse o direito de estar ali, por mais que isso não tenha lógica. Neste momento, a programação financeira, ou melhor, a mente inconsciente trabalha para lhe fazer sentir-se seguro, mesmo que isso represente um processo de autossabotagem de sua prosperidade.

Onde está o seu termostato financeiro? Quais os limites internos que parecem não conseguir se romper na sua vida? Qual é a cifra que lhe traz segurança? Qual o limite que se permite enxergar vivendo com senso de possibilidade, capacidade e mérito?

O INVISÍVEL PRODUZ O VISÍVEL: CAUSA E EFEITO

A segunda analogia de T. Harv Eker consiste na relação de causa e efeito observada nos frutos de uma árvore. Sabemos que o que está embaixo da terra, a raiz, produz o que está em cima da terra. Ou seja, o invisível é que produz o visível.

Quando colhemos frutos financeiros amargos, a solução não é injetar açúcar no fruto. O fruto é apenas o resultado exterior e visível. A causa verdadeira está na raiz.

O que está armazenado em sua memória financeira?

Se você pretende colher furtos financeiros diferentes daqueles que vêm colhendo até hoje, primeiro cure a raiz, pois é o invisível que produz o visível.

De fato, as coisas invisíveis, apesar de aparentarem menos reais, são as mais poderosas e determinantes do que as que vemos.

5.3.1 Aprendizagem por associação: condicionamento

No início do século XX, o fisiologista russo Ivan Pavlov (1849-1936) estava estudando o sistema digestivo dos cães quando percebeu um interessante fenômeno comportamental: os cães começaram a salivar quando os técnicos de laboratório, que normalmente os alimentavam, entraram na sala, embora os cachorros ainda não tivessem recebido comida. Pavlov percebeu que os cachorros estavam salivando porque sabiam que estavam prestes a ser alimentados; os cães começaram a associar a chegada dos técnicos à comida que logo seguiu sua aparição na sala.

Com sua equipe de pesquisadores, Pavlov começou a estudar esse processo com mais detalhes. Ele conduziu uma série de experimentos em que, durante várias tentativas, os cães foram expostos a um som imediatamente antes de receberem comida. Ele controlou sistematicamente o início do som e o momento da entrega da comida, e registrou a quantidade de salivação dos cães. Inicialmente, os cães salivavam apenas quando viam ou cheiravam a comida, mas depois de várias combinações do som e da comida, os cães começaram a salivar assim que ouviam o som. Os animais aprenderam a associar o som com a comida que se seguiu. Pavlov havia identificado um processo fundamental de aprendizagem associativa chamado condicionamento clássico.

Psicólogos clínicos fazem uso do condicionamento clássico para explicar a aprendizagem de uma fobia – um medo forte e irracional de um objeto, atividade ou situação específica. Por exemplo, dirigir um carro é um evento neutro que normalmente não provocaria uma reação de medo na maioria das pessoas. Mas se uma pessoa experimentasse um ataque de pânico no qual de repente experimentasse fortes emoções negativas enquanto dirigia, poderia aprender a associar a direção com a resposta de pânico.

Da mesma forma, as mensagens do dinheiro que recebemos especialmente ao longo da nossa infância foram associadas a experiências de prazer ou dor e criaram um condicionamento comportamental na presença ou ausência do dinheiro. Existem basicamente três maneiras pela qual recebemos essas mensagens, conforme demonstrado no Quadro 5.2.

Quadro 5.2 Receptores de mensagens do dinheiro

	CONDICIONAMENTO VERBAL	EXEMPLOS E MODELOS	EPISÓDIOS ESPECÍFICOS
SENTIDO	Audição	Visão	Sinestésicos
LEMBRANÇA	O que você **ouvia** repetidamente quando criança?	O que você **via** quando era criança?	Quais **experiências** teve quando era criança?

5.3.2 Condicionamento verbal

O condicionamento verbal é extremamente poderoso. Consiste em tudo o que ouvimos sobre o dinheiro ensinado por nossos pais ou tutores.

T. Harv Eker ilustra a influência do condicionamento verbal por meio da história de Stephen, um homem de negócios que não tinha problemas em ganhar dinheiro, a dificuldade era conservá-lo.

Stephen poderia conquistar cifras de $ 800 mil dólares por ano. Mas, apesar do seu sucesso nos negócios, passava sufoco. Dava sempre um jeito de gastar o dinheiro, emprestá-lo ou perdê-lo em maus investimentos. Como resultado da sua má administração, seu patrimônio líquido era sempre igual a zero.

Tentando compreender seus problemas, Stephen descreveu que, quando era garoto, a sua mãe costumava dizer: *"Os ricos são gananciosos. Eles lucram do suor dos pobres. A gente deve ter o suficiente para viver. Mais do que isso é cobiça."*

O que Stephen estava descrevendo era uma aprendizagem por associação por meio de condicionamento verbal. A mente da criança Stephen associou a ambição financeira com a exploração de outros, falta de valores e de caráter. Ganhar dinheiro fazia com que ele se sentisse culpado, ainda que não soubesse exatamente por quê. Algo vivia em conflito dentro dele; por um lado, buscava a prosperidade financeira, por outro, a aprovação da mãe.

Quando o inconsciente (emocional) tem que optar entre lógica e as emoções profundamente enraizadas, as emoções quase sempre vencem e, por isso, faziam com que Stephen desperdiçasse seu dinheiro.

O que está armazenado em sua memória financeira?

Assinale a seguir o que você ouvia repetidamente quando era criança:

( ) Dinheiro é fonte de todo o mal.
( ) Poupe para os dias ruins.
( ) Os ricos são gananciosos.
( ) Todos os ricos são ladrões.
( ) Os ricos são desonestos.
( ) Não pode ser rico e espiritualizado ao mesmo tempo.
( ) Dinheiro não nasce em árvore.
( ) Nem todo mundo pode ser rico.
( ) Dinheiro só vai para quem já tem.
( ) Dinheiro é só para quem tem estudo.
( ) Dinheiro é sorte.
( ) Dinheiro é sujo.
( ) Nunca se tem o bastante.
( ) Não tenho dinheiro para isso.

5.3.3 Exemplos e modelos

Em matéria de dinheiro, tendemos a ser idênticos aos nossos pais. Usamos-os como modelos e seguimos seus exemplos em comportamentos, decisões e hábitos. Aprendemos quase tudo a partir dos exemplos que nos dão, mesmo quando não entendemos a lógica por detrás de certos hábitos.

T. Harv Eker ilustra a influência dos exemplos e modelos com a história de uma mulher recém-casada que estava preparando um pernil para o jantar cortando as duas pontas dessa peça de carne. Seu marido a observando e sem entender por que ela fazia isso decidiu perguntar o motivo. Ela, prontamente, respondeu que era assim que sua mãe fazia, mas não sabia o motivo. Naquela noite, a mãe veio jantar com o casal e fizeram a mesma pergunta para ela. "Porque era assim que sua avó fazia", respondeu. Intrigados por essa história, decidiram telefonar para a avó e descobrir o motivo desse método culinário. Para a surpresa de todos, a avó respondeu: "cortava as pontas porque minha panela era muito pequena."

Há outra situação semelhante ao exemplo dos nossos pais. É mais comum em pessoas nascidas em famílias pobres que sentem raiva de sua situação de limitações, privações e talvez até humilhações, e se rebelam, tornando-se justamente o contrário de seus pais.

Carregam uma insegurança e um medo contínuo de privação e escassez. Ou ainda, enriquecem por vingança da fraqueza, irresponsabilidade ou covardia que viam em seus pais. Nesses casos, enriquecer não produz a satisfação que esperavam, pois as raízes da sua riqueza são a raiva e o ressentimento. Consequentemente, dinheiro e raiva tornam-se entidades associadas na mente. Quanto mais dinheiro essas pessoas têm, mais enraivecidas ficam.

O mesmo princípio se aplica à necessidade de se provar que é capaz. Nenhuma quantia financeira é capaz de curar suas feridas interiores.

Assinale, a seguir, como se comportavam seus pais (ou responsáveis) em questão de dinheiro quando você era criança:

( ) Eram gastadores.

( ) Eram econômicos.

( ) Eram investidores perspicazes.

( ) Nunca investiam.

( ) Eram propensos ao risco.

( ) Eram conservadores.

( ) Tinham abundância.

( ) Vivia-se na escassez.

( ) Dinheiro afluía com facilidade.

( ) Dinheiro era suado e contado.

( ) Dinheiro era motivo de alegria.

( ) Dinheiro era motivo de brigas e discussões.

5.3.4 Episódios específicos

Episódios específicos são situações especiais e marcantes que experimentamos durante nossa infância. Experiências que nos causaram forte impacto emocional e potencialmente deixaram marcas profundas associadas ao dinheiro, passando a condicionar comportamentos e decisões. Essas experiências moldaram crenças que passam a governar a vida adulta. Quais experiências com dinheiro, riqueza e pessoas ricas você teve quando criança?

T. Harv Eker ilustra a influência dos espisódios específicos com o caso de Josey.

Josey era uma enfermeira da sala de cirurgia. Seus rendimentos eram excelentes, mas ela sempre terminava o mês em uma situação financeira apertada.

O que está armazenado em sua memória financeira?

Em uma sessão, Josey decidiu vasculhar suas memórias emocionais. Lembrou-se de que ela viveu um episódio traumático aos 11 anos de idade.

Josey relatou que o dinheiro sempre foi motivo de briga entre seus pais. Certa noite, todos da família saíram para jantar em um restaurante chinês. A mãe e o pai começaram mais uma das suas brigas por causa do dinheiro. De pé, o pai gritava e esmurrava a mesa com punho fechado. Sua afeição começou a mudar de vermelho e começou a ficar azul e inesperadamente caiu no chão, vítima de um ataque cardíaco fulminante.

Josey era da equipe de natação da escola e tinha feito treinamento de ressuscitação cardiopulmonar. Tentou de tudo, mas nada adiantou. O pai morreu nos seus braços.

Desse dia em diante, ela passou a associar dinheiro como a causa da quebra da família e da morte súbita de seu pai. Quando gastava o dinheiro, estava emocionalmente buscando livrar-se da dor. Josey percebeu que sua escolha por enfermagem também não era um acaso. Talvez ainda estivesse tentando salvar o pai.

MEU CONDICIONAMENTO FINANCEIRO

Preencha os campos a seguir com a primeira resposta que lhe ocorrer, não com a politicamente correta:

1. As pessoas ricas assim se tornam porque _____.
2. As pessoas são pobres porque _____.
3. Financeiramente, eu tenho direito a _____.
4. A relação entre dinheiro e felicidade é _____.
5. Eu sempre poderei me dar ao luxo de _____.
6. Eu nunca poderei me dar ao luxo de _____.
7. Financeiramente, eu não mereço _____.
8. Os pais têm a obrigação de _____ aos filhos.
9. Nunca confie seu dinheiro a _____.
10. Tenho receio de possuir uma riqueza considerável porque _____.

5.3.5 Dinheiro não substitui o amor

Se você pensa que o dinheiro é a resposta de todos os seus problemas, talvez se surpreenda em saber que os índices de suicídio são 50% mais elevados em bairros de classe alta comparados aos suicídios de bairros de classe baixa. Essa pesquisa surpreendente foi conduzida por Daniel Wilson, economista sênior da San Francisco Fed., publicada em 2012.

Não é incomum associar-se a presença do dinheiro à busca pela sensação de sentir-se mais amado, valorizado, respeitado, aceito, aprovado, acolhido ou incluído.

Por isso, muitos hábitos ou condicionamentos financeiros são construídos a partir de um déficit emocional. Trata-se de situações em que o dinheiro é associado à ausência de amor que nunca foi encontrada em quantidade ou qualidade suficiente durante nossa infância.

O Quadro 5.3 apresenta as duas situações mais evidentes:

Quadro 5.3 Modelos do dinheiro

MODELO DO DINHEIRO	DESCRIÇÃO	CONSEQUÊNCIA
Amor na forma de presentes	Quando a ausência dos pais e a insuficiência de atenção e afeto eram substituídos por presentes (eletrônicos, brinquedos).	A única linguagem de amor aprendida foi receber presentes. Portanto, adquirir bens faz com que você se sinta amado. Inconscientemente, comprar coisas novas remete à sensação de amor.
Amor na forma de valor pessoal, a partir do sucesso financeiro	Os pais foram modelos negativos de irresponsabilidade, covardia, passividade, conformismo. Isso trouxe privações e produziu um baixo senso de valor pessoal.	Baixa autoestima ou rebeldia contra os pais. Busca sucesso financeiro para provar o seu valor.

5.4 Processo APD: redefinindo o seu modelo financeiro

O Processo APD é uma adaptação da proposta T. Harv Eker e agrupa três passos simples, mas poderosos, permitindo uma dissociação de modelos financeiros negativos imprimidos em nós durante nossa infância, carregados de mentiras que distorcem o nosso senso de identidade e valor, bem como ressignificam o dinheiro, fazendo dele um falso canal para reconquistar um amor que nunca foi recebido ou percebido na quantidade ou qualidade que carecemos. As emoções passadas e arquivadas em sua memória carregam a chave do modelo financeiro que irá conduzir a sua vida.

Por mais injusto que isso pareça, nada que você faça pode mudar o passado, todavia, está no seu poder decidir como irá se sentir em relação a esse passado. Suas memórias feridas são arquivos emocionais que podem ser acessados, e é exatamente isso que faremos nesta etapa.

O Processo APD representa os três passos a seguir:

- **1º passo: Acusação** – Etapa de conscientização das feridas e traumas que carregamos. Este é um processo unilateral no qual acessamos nossa criança interior e através dos olhos dela nos conscientizamos de eventos e realidades, evolvendo os nossos pais que nos marcaram. Faremos isso escrevendo uma carta de acusação e listando suas memórias feridas.

- **2º passo: Perdão** – O perdão é um processo terapêutico que interrompe o ressentimento e destrói as raízes da mágoa e da amargura. Perdoar não é justificar o que aconteceu ou mesmo esquecer, mas é decidir não ser mais vítima ou prisioneiro do erro de outros, estabelecer a paz e cicatrizar as feridas abertas.

- **3º passo: Dissociação** – Por fim, a dissociação é discernir que certos pensamentos, sentimentos e crenças herdadas de outros não são genuinamente seus, mas frutos de arquivos de memória emocional. Portanto, dissocia-se desses pensamentos para elaborar um novo modelo financeiro empoderador.

É uma etapa sensível no coaching financeiro, que requer concentração e um ambiente privado e seguro no qual esses sentimentos poderão ser acessados e reeditados. O uso correto de tom de voz e música também são recursos úteis na condução desse processo.

1º PASSO: ACUSAÇÃO

Faça uma relação de memórias financeiras doloridas. Lembre-se de que você não pode modificar algo cuja existência ignora. Por isso, comece assinalando situações que experimentou durante sua infância:

( ) Sensação de não se sentir suprido, medo de não ter.

( ) Privações, nunca se sentir prioridade ou atendido.

( ) O que seus pais permitiram que o dinheiro tenha roubado da família e do seu relacionamento com eles.

( ) O que seus pais nunca lhe ensinaram sobre o dinheiro.

( ) Falta de apoio financeiro em momentos importantes.

( ) Irresponsabilidade, colocando tudo a perder.

( ) Substituir a insuficiência de atenção e tempo por presentes.

( ) Mentiras que ouviu sobre dinheiro.

Com base nas experiências que assinalou anteriormente e em outras que lhe vierem à sua memória, escreva uma carta de acusação:

- Com papel e caneta, reserve-se em um lugar silencioso e privado.

- Defina o destinatário da sua carta (pai ou mãe), com base na pessoa que mais teve influência nas experiências que observou acima.

- Não escreva a carta como um adulto. Pense e sinta como a criança que era, não tente justificar ou entender os seus pais ou seus motivos, apenas descreva o que aconteceu do seu ponto de vista e como isso o fez sentir.

- Comece cada sentença com a frase "Eu o acuso por..." e termine cada sentença com a forma como se sentiu.

- Escrever essa carta faz parte do seu processo terapêutico, recomendamos que não seja revelada a ninguém além do seu coach, muito menos aos seus pais. Lembre-se de que estamos tratando as suas memórias e emoções e não o que seus pais fizeram.

2º PASSO: PERDÃO

Junto com o seu coach ou uma dupla de confiança, você irá fazer uma representação de uma conversa entre você e o destinatário de sua carta. Essa atividade tem por objetivo abrir uma janela de oportunidade para que escolha o perdão:

- Fique frente a frente com a sua dupla. Revele a ela o nome da pessoa a quem se destina a carta e como essa pessoa usualmente lhe chamava. Isso tornará sua experiência emocionalmente familiar.

O que está armazenado em sua memória financeira?

- Respire fundo e comece lendo a carta, mas procure olhar o máximo possível nos olhos de sua dupla. Não tenha pressa, leia pausadamente perceba as emoções fluindo e sendo liberadas, diga tudo o que precisa ser dito.
- Ao final da carta, a sua dupla não oferecerá justificativas, mas reforçará que o que foi feito não é justo e definirá o valor e a importância que você tem. Por fim é feito o pedido de perdão.
- Com todas as emoções abertas e expostas, tome a decisão de perdoar e liberar seu ofensor.
- Termine a sessão com um abraço e simbolicamente rasgando sua carta, estabelecendo a paz e cicatrizando todas as memórias feridas.

3º PASSO: DISSOCIAÇÃO DE PENSAMENTOS QUE NÃO SÃO SEUS

A etapa da dissociação começa a partir da compreensão que a origem do seu "modo de pensar" foi herdada por outros e não são suas.

- Liste crenças e absolutos que herdou a partir dos eventos que mapeou e influenciaram a formação do seu modelo financeiro e condicionamentos.
- Constate que este modo de pensar não é seu, você tem a opção de mantê-lo ou abandoná-lo, baseado em quem é hoje e onde quer estar amanhã. Esta é uma etapa libertadora que requer reflexão, fé e uma nova atitude.
- Introduza novos arquivos mentais que substitua os anteriores e o levarão à prosperidade. Perceba que esses pensamentos e sentimentos representam apenas o seu aprendizado passado, que eles não fazem parte de sua anatomia, não são quem você é. Consegue ver que o presente lhe dá uma opção de ser diferente?
- Crie uma lista de verdades sobre você e o seu potencial para prosperidade. Escreva essas declarações poderosas e coloque-as em um lugar para que veja todos os dias. Exercite sua mente declarando-as todas as manhãs até que perceba um novo modelo financeiro operando em você.

5.5 Medo crônico e botão do pânico

"Tudo o que vê e escuta do mundo ao seu redor é filtrado ou pelo medo ou pelo amor".

Pr. Bill Johnson

EMOÇÕES TÓXICAS

Dispomos de um sistema emocional complexo que nos ajuda a responder rapidamente às diferentes situações que enfrentamos. As emoções estão ligadas a um instinto primitivo de sobrevivência e agem no intuito de nos preservar.

As emoções em si não seguem a lógica, são apenas impulsos, reações químicas a estímulos que recebemos do ambiente onde estamos.

Uma emoção passa a ser tóxica quando ela passa a dominar as nossas vidas, cegando nossa visão, roubando o nosso futuro ou apagando nossa energia.

Livrar-se de emoções tóxicas não significa nunca mais experimentar tristeza, medo ou raiva.

Significa aplicar uma sabedoria e inteligência emocional que nos permite colocar limites aos impulsos emocionais e ao controle que este exerce.

O MEDO CRÔNICO

O medo é um instinto de autopreservação para segurança e sobrevivência gerados pelo sistema límbico.

O medo nos causa antecipação da dor ou do sofrimento com suposições ou mesmo ilusões que nos paralisam ou nos levam à irracionalidade, por exemplo:

- O medo de que seremos ridicularizados se falharmos, então, para nos protegermos, não tentamos.
- O medo de não conseguir o que queremos e nos frustrar, então, tiramos toda esperança e expectativa para não nos decepcionar.

A amídala cerebelosa e seu tálamo selecionam informações sensoriais (imagens, sons, cheiros) e determinam o que é bom ou ruim em menos de um décimo de segundo. A reação instintiva vem em primeiro lugar e é somente depois que a mensagem é transmitida para o córtex cerebral perceptivo a fim de que seja processada e avaliada com lógica.

O medo crônico é quando esse estado intuitivo e reativo domina a nossa forma de viver e cria uma espécie de circuito aberto que se retroalimenta continuamente. Podemos separá-lo em quatro fases:

- **Primeira fase: Imaginação** – são as fantasias da mente que criam um final catastrófico para uma situação determinada. É o que acontece quando alguém vai falar em público e se imagina sendo ridicularizado, o que causará um pânico, baseado no instinto de sobrevivência, impossibilitando qualquer raciocínio e o acesso a arquivos de memória, que resulta no famoso "branco" do falar em público.

- **Segunda fase: Medo** – ativa percepções negativas que distorcem ou ampliam uma realidade.

- **Terceira fase: Paralisação ou bloqueio** – quando o cérebro instintivo não sabe como reagir a determinada situação. Também somos incapazes,

O que está armazenado em sua memória financeira?

nesta fase, de acessar recursos lógicos, analíticos e criativos para a situação e, portanto, travamos.

- **Quarta fase: Resgate de lembrança** – Outro fator que influencia é o viés de disponibilidade, visto no Capítulo 1 deste livro, pelo qual as lembranças de experiências negativas e ameaçadoras tornam-se mais relevantes do que a lógica ou a probabilidade de um evento se materializar. Por exemplo, se você já comprou um carro 10 vezes e foi enganado em uma delas, é essa a experiência que tenderá a ficar marcada na sua memória.

Ter medo de saber quanto custa seu sonho financeiro é mais comum do que você imagina. É como alguém ganhando peso que não quer saber o quanto engordou. É um tipo de negação. Uma forma de não provocar a mudança. Só se pode gerenciar o peso quando se sabe onde está e aonde se quer chegar. É a mesma verdade nas finanças: não posso conquistar o que não sei.

PREJUÍZO DO MEDO

Deixar que medo o controle você trará prejuízos exteriores e interiores.

Nosso cérebro é um laboratório farmacêutico capaz de produzir as mais diferentes químicas: boas e ruins. O gatilho são seus sentimentos.

A raiva e o pânico produzem, pelo sistema límbico, o cortisol, um hormônio de estresse, que envia alerta ascendente através de seus sistemas regulatórios para avaliar riscos e opções, iniciando sua reação de lutar e fugir, e suprimindo a habilidade de pensar racionalmente.

Sentir medo é normal, viver no medo, não.

MEU BOTÃO DO PÂNICO

Todos nós carregamos um botão do pânico, criado como mecanismo de proteção de situações de dor já experimentadas.

O medo é a raiz oculta de muitos comportamentos financeiros. Ele se esconde atrás de uma série de atitudes que incorporamos.

Toda vez que o botão de pânico é acionado, leva-nos a padrões reativos e muitas vezes irracionais.

Botões de pânico estão vinculados a traumas sofridos, fracassos experimentados e a dores de perdas que construíram uma aversão interna de se expor novamente a uma experiência semelhante.

Responda no Quadro 5.4 as 15 perguntas sobre os diferentes temores que lhe assombram. Quando o assunto é dinheiro, do que é que você mais tem medo?

Quadro 5.4 Meu botão do pânico

SIM	NÃO	QUESTÃO
		Medo de não poder suprir sua família?
		Medo de não conseguir honrar seus compromissos financeiros?
		Medo do que os outros vão dizer por seu cônjuge ganhar mais que você?
		Medo de cometer erros com o dinheiro que o leve a perder tudo?
		Medo de que, quando seus amigos descobrirem o quanto ganha ou tem, mudem a opinião sobre você?
		Medo de ser auditado pela Receita Federal?
		Medo de não conseguir subsidiar uma boa educação aos seus filhos?
		Medo de precisar subsidiar seus pais em uma casa de repouso em sua velhice?
		Envergonhado por ter que usar o cartão de crédito para cobrir suas despesas mensais?
		Medo de jamais conseguir pagar suas dívidas?
		Medo que seu cônjuge perca o emprego e tenha que assumir integralmente sua família?
		Medo de se tornar um "sem-teto"?
		Medo de não conseguir se manter com dignidade em sua velhice?
		Medo de ser demitido e não conseguir pagar suas contas?
		Medo de jamais conseguir pagar por um imóvel próprio?

O que está armazenado em sua memória financeira?

FAZENDO A CONEXÃO: MEMÓRIAS – MEDOS – HÁBITOS

As nossas memórias financeiras manifestam-se em medos presentes que nos levam a hábitos e escolhas muitas vezes inconscientes e irracionais, conforme demonstrado no Quadro 5.5.

Quadro 5.5 Conexão: memórias, medos e hábitos

MEMÓRIA PASSADA	MEDO PRESENTE	HÁBITO FINANCEIRO
A mãe de Sarah lhe disse que, se ela dissesse que **não tem dinheiro** para um vestido novo, **seus amigos a deixariam**.	Se eu não tiver dinheiro, as pessoas não vão gostar de mim.	Comprar presentes caros aos outros sem poder pagar, aparentando uma realidade financeira que não existe.
Ana recebia uma mesada menor de seu pai comparada com a mesada dos seus irmãos.	Eu nunca terei tanto dinheiro como os outros, pois eu não mereço recebê-lo.	Nunca pediu por uma promoção ou aumento no trabalho e não ganha o quanto seria capaz.

CONECTOR DA MEMÓRIA PASSADA COM MEDOS E HÁBITOS PRESENTES

Este é um exercício para conectar memórias passadas com medos e hábitos presentes.

Use o Quadro 5.6, seguindo as etapas:

- **Memória financeira:** Reescreva suas principais memórias financeiras, já mapeadas.
- **Medo presente:** Quais medos foram gerados pela memória identificada? Liste-os na coluna do meio.
- **Hábitos criados:** Que hábitos financeiros foram desenvolvidos a partir do medo cultivado? Liste-os na terceira coluna do Quadro 5.6.

Quadro 5.6 Conector da memória com medos e hábitos presentes

MÉMÓRIA FINANCEIRA	MEDO PRESENTE	HÁBITOS CRIADOS

NOVA VERDADE

Este é o momento da ruptura.

Reconhecer o que teme é 80% da solução. Aquilo de que não se tem consciência não se consegue mudar. Mudar o comportamento sem compreender o que o causa, é uma solução superficial.

- Reescreva os medos que identificou no Quadro 5.6 na primeira coluna do Quadro 5.7.
- Lembre-se de que o medo é apenas baseado em uma memória que não define quem você é ou do que é capaz. Por isso, confronte a ideia do medo criando uma declaração (nova verdade), na segunda coluna, que seja diretamente oposta ao seu medo. Seja breve. No presente. Ilimitado.
- A partir desta nova verdade, descreva o que será capaz de fazer, realizar ou conquistar que não podia antes por causa de um medo aprisionador.

Quadro 5.7 Declaração da nova verdade

MAIOR MEDO	NOVA VERDADE

5.6 Reconstruindo hábitos financeiros

Essencialmente, a sua vida financeira é resultado da soma dos seus hábitos.

Se você está vivendo prosperidade ou endividamento, abundância ou escassez, não se trata de sorte ou azar, mas de escolhas cotidianas que moldaram sua realidade financeira.

Como vimos, nossos hábitos financeiros foram desenvolvidos ao longo dos anos baseados nas mensagens do dinheiro, nas memórias financeiras que criaram um condicionamento comportamental e, por fim, baseado no medo que cultivamos. Por isso, não tem sentido tentar mudar o visível (nossos hábitos), sem primeiro mudar o invisível (programação financeira) que o causou. No coaching financeiro, primeiro, confrontamos as memórias financeiras e os medos presentes, para então reconstruirmos os hábitos financeiros.

O que está armazenado em sua memória financeira?

Vamos descrever a seguir uma estrutura útil que o ajudará a incorporar e cultivar novos hábitos na sua rotina.

OS TRÊS "Rs" DA MUDANÇA DE HÁBITOS

Todo hábito que você tem – bom ou mau – segue o mesmo padrão de três passos:

- **Passo 1 – Relembrar:** Este é o gatilho que inicia o comportamento.
- **Passo 2 – Rotina:** Este é o comportamento em si, a ação que você toma.
- **Passo 3 – Recompensa:** Ou seja, o benefício que você ganha por fazer o comportamento, ou agir dessa forma.

O nome desta estrutura é "os três Rs da mudança de hábito", proveniente de múltiplos pesquisadores da psicologia comportamental.

Passo 1: Relembrar

A maioria das pessoas diz que a motivação é a parte crítica da formação de novos hábitos.

Eu vou discordar. Bem, eu e um bom grupo de psicólogos comportamentais.

Claro, a motivação é sempre bem-vinda em qualquer coisa que fazemos, mas para criar um hábito basta criar um gatilho de memória eficaz.

Este passo consiste em codificar e conectar seu novo hábito com algo que você já faz.

Vamos supor, por exemplo, que queira introduzir o hábito de passar o fio dental depois de escovar seus dentes.

Se o ato de escovar os dentes é um hábito que você já fazia, poderá ser o gatilho para lembrá-lo de usar o fio dental.

Uma forma de tornar as coisas ainda mais fáceis é colocar uma vasilha, por exemplo, ao lado da sua escova de dentes e dentro da vasilha colocar um punhado de rolos de fio dental.

Assim verá o fio dental toda vez que for alcançar sua escova de dentes.

Criar um lembrete visível e conectar seu novo hábito com um comportamento atual torna-o muito mais fácil de incorporar E não precisa ser motivado para isso.

Há um grupo ainda que diz que um hábito se consolida depois de 21 dias de prática.

Até onde isso é verdade eu não sei, mas o que eu posso atestar é que muitos dos hábitos que eu incorporei na minha vida levaram 7 dias, usando este modelo dos 3 Rs.

Passo 2: Rotina

Sua rotina é um processo que irá incorporar no seu cotidiano usando gatilhos de memória, como conectar um comportamento a hábitos que já tenha ou usar lembretes, gravados no seu *smartphone*.

Passo 3: Recompensa

Crie um sistema de recompensa proporcional aos ganhos que seus novos hábitos lhe proporcionarem.

Comece com hábitos fáceis e celebre cada vez que um hábito é vivido com sucesso.

Isso vai permiti-lo construir padrões mais desafiadores gradativamente.

Veja o exemplo no Quadro 5.8:

Quadro 5.8 Os três "Rs" da mudança de hábitos

NOVO HÁBITO	RELEMBRAR	ROTINA	RECOMPENSA
Fazer compras de mercado semanais planejadas.	Todo domingo fazer compra on-line dentro do orçamento.	Manter lista de compras predefinidas em site de compra.	Comprar um item especial do meu agrado como recompensa.

6
GUIA DE COACHING FINANCEIRO

"A mudança é o resultado final de todo aprendizado verdadeiro."

Leo Buscaglia

- O que qualifica um coach profissional?
- Quais as áreas de conhecimento relevantes para um coach financeiro?
- Como conduzir sessões de coaching financeiro?

6.1 Formação profissional em coaching

Como em qualquer profissão, o exercício de coaching financeiro requer uma combinação de treinamento teórico e prático, aperfeiçoamento e mentoreamento que conduzam a uma aptidão técnica e conduta profissional de excelência. Em seu processo de capacitação como um coach financeiro, você deverá observar três pilares de formação, conforme demonstrado na Figura 6.1.

Fonte: coaching4.com

Figura 6.1 Os três pilares profissionais no coaching financeiro.

Guia de coaching financeiro

6.1.1 Educação: formação profissional em coaching

O coaching é uma profissão autorregulamentada. Isso significa que entidades certificadoras e credenciadoras foram organizadas pela própria categoria profissional de coaching em âmbito nacional e internacional, visando estabelecer critérios de formação e de qualidade técnica e profissional para o exercício profissional. Dessa forma, não existe, por enquanto, uma regulamentação soberana ou única para formação de coaching tanto no Brasil quanto no mundo.

Todavia, entre os órgãos de notório conhecimento nas técnicas de coaching, destaca-se o International Coaching Federation (ICF), com sede internacional em Lexington, KY, nos EUA, mas dispõe de capítulos regionais (*regional chapters*), inclusive em algumas capitais brasileiras. Procure cursos que estejam credenciados por esse ou outros órgãos de notório saber técnico, ou ainda que seguem a sua cartilha de formação profissional.

O coaching financeiro, por sua vez, em essência, é coaching, mas com características e ferramentas de acordo com a sua especialização. Por isso, para a sua aplicação, requer-se uma formação profissional em coaching que observe o desenvolvimento e o aprimoramento de competências essenciais para o exercício dessa profissão, tais como as 11 competências de coaching apresentadas no Capítulo 1 deste livro.

Você poderá ser credenciado pelo ICF, seguindo padrões mínimos exigidos, na modalidade Associate Certified Coach (ACC), a saber:

A) Sessenta (60) horas mínimas de treinamento específico de coaching

Pelo menos 60 horas de treinamento específico de coaching com a documentação robusta.

Das 60 horas necessárias, pelo menos, 48 horas devem ser:

- Horas (relógio) de contato direto entre estudante e instrutor estudante e em tempo real, permitindo interações síncronas entre professores e alunos. Isso pode incluir o tempo gasto na instrução direta, nas discussões em tempo real, na observação e no *feedback* de sessões práticas de coaching e mentoring dos estudantes.
- Treinamento específico desenvolvido e entregue com base nas 11 competências essenciais do ICF. Todas as 11 competências precisam ser abordadas.

Das 60 horas necessárias, não mais do que 12 horas podem ser:

- Trabalhos de casa/estudos independentes – (horas de relógio) dedicadas fora da interação em tempo real entre professores e alunos (assíncrono). Estas podem incluir leituras, escrita (trabalhos de conclusão), pesquisa e diversas outras atividades que possam ocorrer fora do ambiente síncrono. Todas as horas assíncronas devem fazer parte do programa de treinamento e necessitam de algum método de validação de que a atividade foi concluída pelo aluno.

Treinamentos que são aceitos como formação específica de coaching:

- Formação em coaching por um programa credenciado (ACTP) ou um programa recebido pelo ICF com uma designação de horas específicas (ACSTH).
- Treinamentos de um provedor de educação continuada em coaching (CCE), conferências do ICF, eventos regionais (limitados a 12 horas máximas).
- Treinamento que é especificamente comercializado como ensino de habilidades de coaching, ou ensina como aplicar determinadas habilidades usando o processo e as ferramentas de coaching, estando também em conformidade com as competências essenciais do ICF.

Treinamentos que não são aceitos como formação específica de coaching:

- Formações que são comercializadas por ensinar outras habilidades, embora as capacidades possam ser utilizadas por um coach de alguma maneira.
- Cursos de desenvolvimento pessoal.
- Educação em outras áreas, como psicologia, aconselhamento, PNL etc. não contam como formação específica de coaching.

Dar aulas de coaching não conta como formação específica para o coach, a menos que:

- O coach tenha criado a classe.
- O coach também tenha ensinado a classe.
- A formação se enquadra na definição da formação específica de coaching.

B) Cem (100) horas de práticas de sessão

O coaching log de cliente deve demonstrar 100 horas (75 pagos) de sessões de coaching com pelo menos 8 clientes. Para todos os candidatos, a fim de se obter a certificação do nível básico (ACC), será necessário completar 100 horas de sessão após o início da sua formação específica de coaching. Além disso, pelo menos 25 dessas horas devem ocorrer dentro dos 18 meses anteriores à apresentação do pedido para o credenciamento.

Assim que você começar a fazer coaching, deve começar a registrar suas horas usando a Planilha de Coaching Log no Anexo 3. Há quatro tipos de clientes que podem ser incluídos no registro de coaching:

- Clientes individuais – sessões individuais com contrato (mesmo *pro bono*).

Guia de coaching financeiro

- Clientes do grupo – em sessões de grupo não se multiplicam as horas pelo número de participantes.
- Clientes internos – na mesma empresa, mas sem subordinação direta.
- Clientes de terceiros – clientes patrocinados por uma empresa, como programas de *executive coaching*.

A hora de coaching é de 60 minutos de coaching real com um cliente que o contratou como um coach e não em nenhuma outra capacidade (treinador, consultor, mentor etc.)

Sessões de coaching de menos de 60 minutos contarão como horas de coaching parciais (por exemplo, 30 minutos de treinamento cliente contam como horas de treinamento 0,5 cliente). Coaching deve ser feito pessoalmente ou por telefone ou outra tecnologia de voz a voz.

Com o devido consentimento do cliente é recomendado para sua avaliação de desempenho a gravação em áudio e transcrição por escrito de uma sessão de coaching completa.

C) Dez (10) horas de mentoring coaching

Receber no mínimo 10 horas durante um período mínimo de 3 meses de mentoreamento por um coach qualificado. Para o ICF, seu coach mentor precisa também ser certificado.

Um mínimo de 3 das 10 horas de orientação deve ter sessões de um em um com o mentor. Mentoreamento em grupo poderá ser no máximo de 7 horas das 10 exigidas. O grupo orientado não pode consistir em mais de 10 participantes.

D) Atividades extras

Outras atividades extras podem ser exigidas em aderência à aplicação de uma determinada metodologia. Poderão ser exigidos livros, filmes e aplicação de exercícios e rotineiros, de maneira que o coach demonstre conhecimento satisfatório sobre os recursos que poderão ser usados em sessão.

6.1.2 Experiência: especialização em finanças pessoais

O coaching financeiro não é uma metodologia ou uma receita de bolo para o sucesso financeiro. É uma especialização dentro do universo de coaching que resultará na elaboração de um Plano Financeiro, personalizado de acordo com os objetivos, a realidade e as características de cada cliente.

A natureza de um trabalho de coaching financeiro difere-se de um life coaching tradicional, uma vez que as conversas no coaching financeiro centralizam-se e aprofundam-se na relação do coachee com o dinheiro. Por isso, haverá maior impacto e significado se o coach é capaz de abordar uma ampla gama de tópicos de finanças pessoais para em última análise ajudar seus clientes na elaboração de um Plano Financeiro pessoal, apoiando-o e responsabilizando-o para realizá-lo com sucesso.

Por esse motivo é fundamental que, além de completar uma formação profissional em coaching, o coach financeiro tenha especialização em Finanças Pessoais. Há inúmeras formas de obter essa qualificação por meio de formação acadêmica, como uma pós-graduação especializada, cursos especializados em Coaching Financeiro ou Educação Financeira. Há ainda as certificações profissionais internacionais, sujeitas a um exame qualificador, a saber:

- Certified Personal Finance Counselor (CPFC) – finra.org.
- Certified Financial Planner™ (CFP) – cfp.net.
- Accredited Financial Counselor® (AFCPE) – afcpe.org.

Os tópicos mais comuns em coaching financeiro podem ser divididos em categorias, conforme descrito a seguir:

- **Planejamento a longo prazo e aposentadoria** – Estudos mostram que a maioria das pessoas não sabe quanto precisa para se aposentar. Um coach financeiro ajudará seu cliente a estimar quanto precisa atingir para suas metas de aposentadoria, aplicando os "cinco níveis do seu sonho financeiro" e provendo ferramentas para se construir uma estratégia passo a passo para chegar lá por meio dos "Planos Direcionados".

- **Desequilíbrio e disfunções financeiras** – Coaches financeiros ajudam seus clientes a compreender o tipo de relação que vem sendo cultivado com dinheiro e seus efeitos. Abrem uma porta para um novo nível conscientização usando as diferentes ferramentas de mapeamento, como o "Diagnóstico de Disfunção Financeira" ou o "MEF". A partir dos desequilíbrios e disfunções identificados, pode-se trabalhar um Plano Financeiro corretivo como "Os 4 potes", juntamente com novos e bons hábitos financeiros pessoais.

- **Busca por autonomia e independência financeira** – Coaches financeiros trabalham em conjunto com clientes que buscam autonomia financeira, construindo um plano financeiro em que não se dependa de outras pessoas para sua subsistência, ou trabalhando na elaboração de um Plano Financeiro para conquistar sua independência financeira, estado no qual não se precisa trabalhar para sustentar seu padrão de vida.

- **Coaching da dívida** – Os coaches financeiros podem ajudar seus clientes a saldar sua dívida mais rapidamente utilizando o programa "Dívida Zero em sete passos", afinal, tempo é dinheiro.

- **Planejamento de estilo de vida** – Coaching financeiro não é uma receita de bolo ou uma metodologia financeira para um único resultado. Cada plano financeiro é único e pessoal, baseado em valores, metas e no estilo de vida que se pretende ter hoje e no futuro. Um coach financeiro ajuda seus clientes a clarificar cada aspecto dessa realidade e a construir um plano viável para um sonho financeiro.
- **Mudança de vida coaching financeiro** – Casamento, faculdade, divórcio e novos acréscimos à família, todos têm impacto sobre nossas finanças. Coaches financeiros ajudam seus clientes a ajustar seu plano para que permaneçam no caminho certo para o sucesso a longo prazo.

6.1.3 Ética: conduta profissional do coach

Como no exercício de qualquer profissão, o coach deve reconhecer e aderir a princípios éticos na conduta de suas atividades profissionais. Este é mais um motivo pelo qual um processo de formação deve estar sujeito a uma entidade certificadora respeitável, com critérios e requisitos de formação e conduta ética bem definidos e alinhados às boas práticas de mercado.

Não corresponder aos princípios de conduta elementares incorre em necessidade de reciclagens, suspensões ou mesmo a perda de licença para exercício profissional.

CÓDIGO DE ÉTICA DO ICF

Por não ser uma profissão regulamentada ou dispor de um órgão regulador e fiscalizador, não há um único código de ética, apesar de haver harmonia entre as propostas das principais entidades mundiais que dispõem de critérios éticos e conduta profissional sobre o exercício do coaching.

O International Coaching Federation (ICF) tem liderado o desenvolvimento de uma filosofia profissional no coaching e no estabelecimento de um **padrão ético de referência mundial**.

Trataremos a seguir de conhecer as seções previstas nesse Código.

Parte 1 (Seção 1): Definições (papéis e responsabilidades)

Esta seção dedica-se a esclarecer e definir o que é coaching, qualificar uma relação profissional de coaching, enfatizar a importância de dominar as 11 competências do coach e seguir os princípios éticos profissionais. Por fim, estabelecem-se os papéis de coaching para classificar seus participantes e determina-se o que é um acordo de coaching.

Parte 2 (Seção 1): Conduta Profissional Geral

Trata-se dos princípios de conduta ética definindo clareza e honestidade comercial na divulgação de um programa de coaching, sujeição a leis e regulamentos, respeito aos princípios da confidencialidade, inclusive em pesquisas científicas. Demonstram respeito às diferentes linhas e abordagens de coaching, não deturpando outros colegas de profissão (especialmente visando criar diferenciais comerciais).

Parte 2 (Seção 2): Conflito de Interesse

Orienta a ausentar-se em qualquer situação de conflito, relatar quando houver ganhos de terceiros por indicação, não obter vantagens profissionais ou monetárias de uma relação coach-cliente, além daquelas determinadas no acordo de coaching.

Parte 2 (Seção 3): Conduta Profissional com Clientes

Determina-se o respeito ao direito do cliente de terminar o relacionamento quando não ver benefícios no processo. Não se envolver intimamente com o cliente. Estabelecer limites de toque físico e imparcialidade no assunto tratado.

Parte 2 (Seção 4): Confidencialidade e Privacidade

Determina-se o respeito absoluto ao princípio de privacidade e confidencialidade do cliente, esclarecendo inclusive os limites de informações que podem ser compartilhadas com um eventual patrocinador.

Parte 3: O Juramento de Ética do ICF (Final)

Consiste no juramento exigido para coaches certificados pelo ICF de honrar suas obrigações éticas e legais diante de clientes, patrocinadores, colegas e público em geral.

6.2 Roteiro de sessões

Se você está iniciando sua carreira como coach financeiro é provável que esteja se sentido inseguro para aplicar todas essas ferramentas em um trabalho organizado e sequenciado.

Para ajudá-lo, organizamos nesta seção um roteiro sequenciado de cincos fases para sessões de 90 minutos, conforme demonstrado na Figura 6.2.

Guia de coaching financeiro

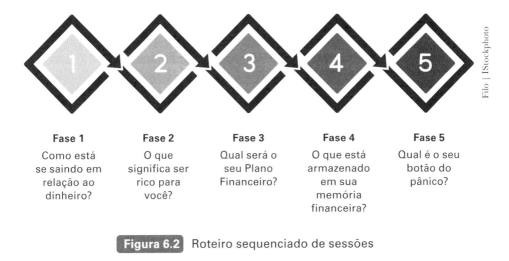

Figura 6.2 Roteiro sequenciado de sessões

CICLO DE SESSÕES

Cada ciclo corresponde a cinco sessões. Em cada ciclo será focado um pilar financeiro determinado pelo coachee, a partir do mapeamento realizado pelo MEF. Conforme demonstrado na Figura 6.3.

1 CICLO = 5 SESSÕES = DESENVOLVIMENTO DE 1 PILAR

Em um ciclo, percorre-se um processo de coaching completo.

ESTADO ATUAL – ESTADO DESEJADO – PLANO DE AÇÃO

Fonte: coaching4.com

Figura 6.3 Ciclo de sessões no coaching financeiro.

PREWORK

Saber usar e balancear o tempo durante suas sessões de coaching é fundamental. É importante que use o seu tempo com o seu coachee focado em conversas que o conduzam a *insights*, decisões e ações. Oriente seu coachee a completar os *templates* financeiros em casa. O *Prework* refere-se às atividades que deverão ser completadas pelo coachee em casa e antecedem a próxima sessão. Antes da primeira sessão, por exemplo, disponibilize ao seu coachee o "Inventário do Dinheiro". Assim, durante a sessão, vocês poderão se dedicar a análises, conclusões e decisões.

PRÉ-SESSÕES

O alicerce das conversas de coaching é a confiança, por isso, o propósito de uma pré-sessão é de se conectar com o seu interlocutor e iniciar a conversa de uma maneira informal que o ajude a (re)estabelecer o *rapport*.

> **Rapport**
> É quando assumimos com liberdade posições perceptuais diferentes da nossa e permitimos que relacionamentos satisfatórios sejam construídos por meio dele e não da concordância. *Rapport* se constrói por meio da equiparação facial e corporal ou espelhamento. Percebemos a equiparação quando somos genuinamente ouvidos e quando vemos espelhadas nossas expressões ou nossa postura corporal naqueles que nos escutam.

Um bate-papo leve no início da conversa com rapport ajudará você e seu interlocutor a se engajarem e se conectarem. Nós construímos confiança no coaching:

- Oferecendo suporte ao invés de controlar.
- Encorajando ideias ao invés de compartilhá-las.
- Promovendo a responsabilização ao invés de assumir responsabilidade.
- Processando decisões ao invés de tomá-las.
- Acreditando no potencial do seu interlocutor ao invés de tentar concertá-lo.
- Mantendo compromissos agendados e honrando a confidencialidade das conversas.

CICLO DE COACHING

As cinco fases do coaching financeiro demonstradas na Figura 6.3 podem ser organizadas em ciclos de cinco sessões. Idealmente, cada ciclo cumpre as três etapas do coaching (EA-ED-PA) e exploram as cinco questões do coaching financeiro apresentadas neste livro.

1ª sessão: Como está se saindo em relação ao dinheiro?

Define-se com clareza seu ponto de origem (estado atual) por meio de um diagnóstico completo da sua realidade financeira do coachee. Avaliam-se seus principais resultados obtidos até aqui e o grau de equilíbrio que foi desenvolvido com o dinheiro em sua jornada de vida.

Checklist
- Inventário do Dinheiro.
- Sintomas de Disfunção Financeira (SDF).
- Mapa de Equilíbrio Financeiro (MEF).

2ª sessão: O que significa ser rico para você?

Conecta-se prosperidade com propósito e exploram-se as reais motivações daquilo que se busca financeiramente, ou seja, o estado desejado. Em seguida, explora-se a relação entre prosperidade financeira e as seis necessidades humanas fundamentais. Vamos concluir esta etapa precificando seu sonho financeiro em cinco dimensões e descobrir a Cifra de Riqueza para cada nível.

Checklist
- Declaração de Intenção.
- Conectando prosperidade e propósito.
- Quanto custa seu sonho financeiro.
- Precificando os cinco níveis de sonho (segurança – vitalidade – independência – liberdade – liberdade absoluta).

3ª sessão: Qual será o seu Plano Financeiro?

Nesta sessão, você ajudará o seu coachee a construir um Plano Financeiro a partir de sua realidade atual e dos objetivos estabelecidos na sessão anterior. Selecione qual dos Planos Direcionados melhor se aplica para a situação que estarão abordando.

Checklist
- Plano aberto
  - 5W2H.
- Plano de correção e equilíbrio
  - Os quatro potes.
  - Dívida zero em sete passos.
- Plano de multiplicação
  - As cinco perguntas de definição estratégica.
  - Definição de ações nas cinco estratégias.
  - Mapa do Milhão.

4ª sessão: O que está armazenado em sua memória financeira?

Esta sessão está direcionada a mapear e reorientar condicionamentos que vêm guiando escolhas financeiras sabotadoras. Conduza perguntas e aplique ferramentas de resgate das primeiras memórias financeiras e verifique quais as mensagens do dinheiro tornaram-se verdades e condicionaram o modelo financeiro interior do seu coachee.

Checklist
- Questionário sobre as mensagens do dinheiro.
- Minha memória financeira.
- Meu condicionamento financeiro.
- Processo APD: Redefinindo seu modelo financeiro.

5ª sessão: Qual é o seu botão do pânico?

Mapeie com o seu coachee o botão do pânico e os medos tóxicos que podem estar causando hábitos reativos e afetando os resultados financeiros. Conduza o seu coachee à superação de medos fantasiosos, confrontando-os com verdades libertadoras e criando novos hábitos saudáveis.

Checklist
- Meu botão do pânico.
- Conector da memória com medos e hábitos presentes.
- Declaração da nova verdade.
- Os três "Rs" da mudança de hábito.

	Engajamento + Confiança + *Rapport*
Pré-Sessão	
1ª Sessão Estado Atual	• Inventário do dinheiro (*Prework*) • Sintomas de disfunção financeira • MEF
2ª Sessão Estado Desejado	• Declaração de intenção • Conector de prosperidade e propósito • Cifra de riqueza em 5 níveis
3ª Sessão Plano de Ação	• Plano aberto • Plano de correção e equilíbrio • Plano de multiplicação
4ª Sessão Condicionamento	• Questionário sobre as mensagens do dinheiro • Minha memória financeira • Meu condicionamento financeiro • Processo APD: Redefinindo seu modelo financeiro
5ª Sessão Hábitos	• Meu botão do pânico • Conector da memória com os medos e hábitos presentes • Declaração da nova verdade • Os três "Rs" da mudança de hábitos

Fonte: coaching4.com

Figura 6.4 Roteiro de sessões com ferramentas.

6.3 Biblioteca do coach financeiro

Aprendizagem e *insight* geram mudanças, por isso, explore em suas sessões atividades que envolvam leituras e filmes que ajudem o seu coachee a renovar sua perspectiva, pensar fora da caixa e ser exposto a possibilidades que ainda não havia considerado.

Por isso, além dos recursos oferecidos neste livro, organizamos uma seleção dos *Top 10* livros e filmes que poderá considerar na aplicação de seus projetos de coaching financeiro.

Quadro 6.1 *Top 10* – livros para coaching financeiro

TÍTULOS	AUTORES
1. *O motorista e o milionário*	De Posada, Joachim; Singer, Ellen
2. *Os segredos da mente milionária*	T. Harv Eker
3. *Casais inteligentes enriquecem juntos*	Gustavo Cerbasi
4. *Terapia financeira*	Reinaldo Domingues
5. *O homem mais rico da Babilônia*	George Samuel Clason
6. *Pai rico, pai pobre*	Robert Kyosaki e Sharon Lechter
7. *Quem pensa enriquece*	Napoleon Hills
8. *Cinco segredos da riqueza que 96% das pessoas não sabem*	Craig Hill
9. *Seu futuro financeiro*	Louis Frankenberg
10. *O jogo do dinheiro*	Tony Robbins

Quadro 6.2 *Top 10* – filmes para coaching financeiro

TÍTULOS	TEMAS
1. *O presente*	Valor do trabalho, das privações financeiras, dos relacionamentos, do conhecimento etc.
2. *Meu primeiro milhão*	Manipulação financeira, ganância, efeito manada.
3. *Em busca da felicidade*	Empreendedorismo, nunca desistir, perseverança e superação.
4. *Os delírios de consumo de Becky Bloom*	Consumismo, ancoragem, crédito fácil e responsabilidade financeira.
5. *A virada*	Ética, reputação, valores e princípios nos negócios.
6. *A corrente do bem*	Doação, altruísmo, propósito, ajudar o próximo.
7. *O homem que mudou o jogo*	Alvos claros, começos difíceis, criatividade, coragem de pechinchar e realinhamento estratégico.
8. *A grande virada*	Empreendedorismo, persistência, superação e sucesso.
9. *O preço do amanhã*	O tempo como moeda, o valor do trabalho, prioridades.
10. *A grande aposta*	Como desmistificar termos financeiros complexos, risco e crise financeira.

ANEXO 1

TEMPLATES DE MAPEAMENTO

1. INVENTÁRIO DO DINHEIRO

2. SINTOMAS DE DISFUNÇÃO FINANCEIRA

3. MAPA DE EQUILÍBRIO FINANCEIRO

Coaching financeiro | Marion

1. Inventário do dinheiro

Passo 1 – Quanto está gastando por mês?

- Liste seus gastos em um ano típico.
- Tenha em mãos: as informações financeiras dos últimos 12 meses (extratos, faturas de cartão, controle de cheques emitidos etc).
- Identifique seus gastos anuais, somando sua média mensal de todos os meses, dividindo o saldo anual por 12.
- Compare a diferença entre os gastos estimados e gastos reais.

Quadro 2.2a Quanto estou gastando por mês?

CATEGORIAS	ONDE ENCONTRO ESTA INFORMAÇÃO?	Jan.	Fev.	Mar.	Abr.	Maio	Jun.	Jul.	Ago.	Set.	Out.	Nov.	Dez.	Resultado Anual	Média Mensal (divida o total anual por 12)
Financiamento Residencial/ Aluguel	Contrato de Financiamento ou Aluguel														
IPTU/Impostos de Propriedade	Carnê Anual de IPTU ou Imposto Predial														
Taxa de Condomínio/ Manutenção Doméstica	Boleto de Condomínio, Recibos de Material de Construção														
Seguro Residencial	Contrato e Apólice de Seguro														
Gás	Conta de Gás ou Recibo de Compra														
Eletricidade	Conta de Luz														
Água e Esgoto	Conta de Água e Esgoto														
Taxa de Lixo	Carnê de Taxa de Lixo (em alguns Municípios)														
Telefone Fixo	Boleto Bancário														
Celulares	Boleto Bancário														
Serviços de Alarme e Segurança	Boleto Bancário ou Recibo de Pagamento														
Diarista/ Doméstica/ Cozinheira/ Babysitter	Recibo de Pagamento, Extrato Bancário, Cheque														

Anexo 1 – Templates de mapeamento

QUANTO ESTOU GASTANDO POR MÊS?															
CATEGORIAS	ONDE ENCONTRO ESTA INFORMAÇÃO?	Jan.	Fev.	Mar.	Abr.	Maio	Jun.	Jul.	Ago.	Set.	Out.	Nov.	Dez.	Resultado Anual	Média Mensal (divida o total anual por 12)
Jardinagem/Limpezas Domésticas Especiais	Recibos, Extratos, Cheque, Fatura de Cartão														
Limpeza de Piscina/Lareira/Churrasqueira etc.	Recibos, Extratos, Cheque, Fatura de Cartão														
Supermercado	Recibos, Extratos, Cheque, Fatura de Cartão														
Padaria/Hortifrúti/Feira/Açougue	Recibos, Extratos, Cheque, Fatura de Cartão														
Restaurante/Bares/Pizza etc.	Recibos, Extratos, Cheque, Fatura de Cartão														
Plano Médico/Odontológico	Boleto														
Despesas Médicas e Farmácia	Recibos														
Veterinário/Pet Shop	Recibos, Extratos, Cheque, Fatura de Cartão														
Financiamento de Carro/Aluguel/Táxi	Contrato, Extratos, Recibos														
Outros Serviços de Transporte (ônibus, metrô etc.)	Recibos, Extratos, Controles Pessoais (Média)														
IPVA/Seguro Obrigatório/Licenciamento	Boleto IPVA														
Seguro de Automóvel	Apólice e Extratos														
Manutenção de Automóvel (óleo, pneu etc.)	Recibos, Extratos, Cheque, Fatura de Cartão														
Combustível	Recibos, Extratos, Cheque, Fatura de Cartão														
Estacionamento/Pedágios	Recibos, Extratos, Cheque, Fatura de Cartão														
Roupas/Sapatos/Bolsas	Recibos, Extratos, Cheque, Fatura de Cartão														

Coaching financeiro | Marion

QUANTO ESTOU GASTANDO POR MÊS?

CATEGORIAS	ONDE ENCONTRO ESTA INFORMAÇÃO?	Jan.	Fev.	Mar.	Abr.	Maio	Jun.	Jul.	Ago.	Set.	Out.	Nov.	Dez.	Resultado Anual	Média Mensal (divida o total anual por 12)
Serviço de Lavanderia	Recibos, Extratos, Cheque, Fatura de Cartão														
Joias/Relógios/ Brinquedos/ Eletrônicos etc.	Recibos, Extratos, Cheque, Fatura de Cartão														
Compras Virtuais *Smartphones* (*Apps*)	Fatura Cartão														
Salão de Beleza (cabelo, unhas, maquiagem etc.)	Recibos, Extratos, Cheque, Fatura de Cartão														
Escola/ Faculdade/ Cursos	Fatura, Recibos, Boletos Contratos														
Academia/ Esportes/ Nutricionista/ Pilates etc.	Recibos, Extratos, Cheque, Fatura de Cartão														
Psicólogo/Fono/ Fisioterapeuta/ Coach etc.	Recibos, Extratos, Cheque, Fatura de Cartão														
Serviços Profissionais (contador, advogado etc.)	Recibos, Extratos, Cheque, Fatura de Cartão														
Tarifas Bancárias e Imposto Financeiro	Extrato Bancário/ Cesta Tarifa														
Imposto de Renda	Declaração Anual														
Computadores e Manutenção	Recibos, Extratos, Cheque, Fatura de Cartão														
Cartão de Crédito e Empréstimos	Fatura de Cartão, Contrato, Extrato														
Conselhos Profissionais e Sindicatos	Faturas, Boletos, Descontos Contracheque														
Livros e Assinaturas de Revista/Jornais etc.	Recibos, Extratos, Cheque, Fatura de Cartão														
TV e Internet (compra e locação de filmes/música)	Fatura														
Cinema/Tetaro/ Casa Noturna etc.	Recibos, Extratos, Cheque, Fatura de Cartão														

Anexo 1 – Templates de mapeamento

QUANTO ESTOU GASTANDO POR MÊS?

CATEGORIAS	ONDE ENCONTRO ESTA INFORMAÇÃO?	Jan.	Fev.	Mar.	Abr.	Maio	Jun.	Jul.	Ago.	Set.	Out.	Nov.	Dez.	Resultado Anual	Média Mensal (divida o total anual por 12)
Férias/Viagens/ Eventos/Hobbies etc.	Recibos, Extratos, Cheque, Fatura de Cartão														
Dízimos/Ofertas	Comprovantes, Controles pessoais														
Doações e Contribuições	Comprovantes, Controles pessoais														
Presentes (casamento/ aniversário etc.)	Recibos, Extratos, Cheque, Fatura de Cartão														
Loteria	Recibos e Comprovantes														
Cigarros, Charutos, Bebidas	Recibos, Extratos, Cheque, Fatura de Cartão														
Miscelânea	Diversos														
		TOTAL DE GASTOS MÉDIOS MENSAIS REAIS											R$		

Quadro 2.2b Variação de despesas estimada e real

DESPESA MÉDIA MENSAL (REAL) (–)	R$
DESPESA MÉDIA MENSAL (ESTIMADA)	R$
VARIAÇÃO (Déficit ou Superávit Mensal)	R$

Esta diferença foi uma surpresa para você? Comente.

Coaching financeiro | Marion

Passo 2 – Quanto de dinheiro está entrando por mês?

- Liste todas as suas entradas e fontes de rendimento.
- Considere as entradas dos últimos 12 meses e certifique-se de que essa entrada continuará no próximo ano.

Quadro 2.2c Rendimentos

RENDIMENTOS		
Fontes	"Total Anual (últimos 12 meses)"	Média Mensal
Salário Líquido (descontado impostos e contribuições)		
Consultorias/Coaching/Treinamentos etc.		
Pró-labore		
Comissões/Bônus/PLR		
Aposentadoria/Invalidez/Licenças do INSS		
Direitos Autorais/Marcas e Patentes etc.		
Pensão		
Rendimentos de Juros (Títulos/CDBs/Fundos)		
Rendimentos de Dividendos		
Ganhos por Valorização de Ativos Financeiros		
Rendimentos de Aluguéis		
Presentes em Dinheiro/Heranças/Oferta etc.		
Recebimento de Empréstimo Cedido		
Restituição de Impostos (IR/NF paulista etc.)		
Outros		
TOTAL	R$	R$

Anexo 1 – Templates de mapeamento

Passo 3 – Qual é o seu saldo médio mensal?

- Subtraia seus ganhos pelos seus gastos e verifique se tem um superávit ou déficit.
- Use sua média mensal de ganhos e gastos para essa análise.

Quadro 2.2d Variação de rendimento médio e despesa média

DESPESA MÉDIA MENSAL (REAL) (–)	R$
DESPESA MÉDIA MENSAL (REAL)	R$
VARIAÇÃO (Déficit ou Superávit Mensal)	R$

Passo 4 – Quais ações corretivas decide tomar para corrigir seu orçamento?

- Preencha a seguir o seu déficit anual (déficit mensal × 12 meses):
- Defina três ações corretivas imediatas (aumentar ganhos ou reduzir gastos) que comunicará a sua família como plano de correção.
- Pense em gastos por categorias, tenha em mente que não se trata de criar limitações, mas, sim, de redefinir prioridades de onde quer investir seu dinheiro, baseado nos itens mais importantes para você e sua família.
- Descubra como pode ser criativo nos seus gastos, enxugando seu orçamento sem cortes radicais em diferentes categorias. Assinale algumas alternativas a seguir que o ajudariam a colocar suas contas em dia.

  ( ) Fazer mais refeições em casa.
  ( ) Comprar um carro seminovo e reduzir custos de seguro e IPVA.
  ( ) Fazer um rodízio de caronas para o trabalho.
  ( ) Trocar música e jogos com amigos ao invés de comprar novos.
  ( ) Fazer seu IR ao invés de pagar um contador ou treinar na academia sem um *personal trainer*.
  ( ) Fazer suas unhas.
  ( ) Comprar medicamentos genéricos.
  ( ) Outros _____.

Déficit anual (déficit mensal x 12 meses): R$ _____
Ação corretiva 1: _____
Ação corretiva 2: _____
Ação corretiva 3: _____

Passo 5 – Como será seu novo orçamento?

- Estabeleça um novo orçamento anual baseado em novos hábitos.
- Exemplo: Se tinge seu cabelo a cada 8 semanas, calcule quanto economizaria fazendo a cada 9 semanas. Existe alguma assinatura de revista que consiga viver sem? Consegue ir ao cinema duas vezes ao invés de três vezes todo o mês?

Quadro 2.2f Novas escolhas de uso do meu dinheiro

\multicolumn{5}{c}{NOVAS ESCOLHAS DE USO DO MEU DINHEIRO}
Categoria	Orçamento atual (anual)	Novo orçamento (anual)	Ganhos (anual)	Novos hábitos
TOTAL	R$	R$	R$	

Anexo 1 – Templates de mapeamento

2. Sintomas de disfunção financeira

Parte 1: questionário de comportamento financeiro

Assinale a alternativa que melhor descreve sua relação com o dinheiro e como você tem pensado sobre ele até hoje.

1. A respeito do dinheiro, meus pais:

a) me ensinaram a administrar o dinheiro e a ser moderado.

b) geralmente davam bons exemplos, mas não falavam muito sobre dinheiro.

c) queixavam-se de nunca ter o suficiente, mas não faziam nada para mudar.

d) nunca tiveram noção e estavam sempre duros.

2. Quanto à carreira, eu:

a) estabeleci meus objetivos com antecedência para ingressar em uma profissão bem remunerada.

b) não pensei muito a respeito e atualmente me arrependo da minha escolha.

c) não tenho uma carreira, e sim um emprego (do qual não gosto particularmente).

d) não estou certo nem sobre o que é uma carreira.

3. Em relação à quantia de dinheiro que ganho, eu:

a) estou indo bem, mas sempre almejo ganhar mais.

b) encontro-me bem abaixo de onde esperava estar a esta altura da vida.

c) estou estagnado em determinado nível e sou sempre passado para trás quando há promoções.

d) estou quase sempre em apuros, muito infeliz e não vejo muitas opções.

4. Quanto a fazer investimentos, eu:

a) tenho um plano de longo prazo, o qual revejo a cada cinco anos.

b) deposito recursos em minha previdência privada todo os anos.

c) "investi" em uma casa, mas não tenho outros investimentos.

d) não tenho dinheiro suficiente para investir em algo.

5. Quando tenho que tomar uma importante decisão financeira, eu:

a) pesquiso e avalio cuidadosamente todas as minhas opções antes de tomar decisões.

b) contrato um consultor ou consulto um amigo experiente de investimentos e faço tudo o que ele recomenda.

c) adio por meses, até que seja obrigado a enfrentar a decisão.
d) sem dinheiro = sem decisões financeiras.

6. Descreveria minha inteligência financeira como:
a) ampla, mas há muito o que aprender.
b) relativamente sólida para decisões do dia a dia, mas deficiente de maneira geral.
c) muito inocente, quase como era no ensino médio.
d) Zero. Nenhuma. Nula.

7. Minha conta poupança:
a) é uma das minhas prioridades mais importantes.
b) está crescendo aos poucos, mas não tão rápido quanto eu gostaria.
c) está aquém de como deveria.
d) é inexistente.

8. Quanto a um plano de emergência, eu:
a) tenho reservada em uma conta poupança intocável a quantia para três meses de despesas.
b) tenho cerca de R$ 2.000,00 em minhas economias que eu não toco, a menos que precise.
c) não tenho um, pois nunca há dinheiro suficiente para guardar.
d) minha vida inteira é uma emergência.

9. Para me manter atualizado a respeito de assuntos do mercado financeiro, eu:
a) leio revistas de finanças, converso com meu corretor e examino relatórios financeiros.
b) assisto um programa de finanças na televisão, leio algumas publicações especializadas no assunto de vez em quando.
c) não presto muita atenção, a menos que me afete diretamente.
d) não tenho motivos para prestar atenção, pois não tenho dinheiro extra para investir.

PRIMEIRAS CONCLUSÕES

Analise suas respostas e verifique a letra que mais assinalou e confira sua classificação a seguir:

Se escolheu mais **alternativas A**, você possui uma base financeira sólida na qual se estabeleceu, mas poderia fazer uso de um reforço para atingir o

Anexo 1 – Templates de mapeamento

nível seguinte. Seu cérebro é perfeito para um novo treinamento e responderá de maneira positiva a novas sugestões. Quase que instantaneamente você gerará maior riqueza e felicidade.

Se escolheu mais **alternativas B**, sua base financeira é estável, com algumas deficiências. Com um pouco de trabalho, você pode reforçar seu conhecimento financeiro, aprender maneiras de fazer seu cérebro trabalhar mais intensamente a seu favor e aumentar os recursos de maneira significativa. Com algum suporte e novas ideias, poderá se beneficiar bastante.

Se escolheu mais **alternativas C**, há muito trabalho a ser feito. Além disso, você está ansioso para se sentir mais confiante e descobrir maneiras de subir os degraus da escada, tanto no âmbito profissional como no financeiro. Com um pequeno ajuste, seu cérebro, em breve, iluminará um novo caminho para prosperar.

Se escolheu mais **alternativas D**, seu cérebro precisa realizar muito trabalho para se recuperar. Você simplesmente não recebeu o conhecimento necessário ou não teve modelos em sua vida que lhe ajudassem a gerar riqueza, mas não é tarde demais. Mudar o acesso à geração de recursos não será tão difícil ou desencorajador quanto você possa imaginar. Você pode despertar um novo modelo e alcançar novos resultados em pouco tempo se focar e imergir no modelo certo.

Parte 2: os dez sintomas de disfunção financeira

Leia os dez sintomas descritos a seguir e com sinceridade assinale aqueles que você tem observado na sua vida.

( ) **Sintoma 1: preocupação e ansiedade**

É quando a ansiedade e o medo exagerado em relação ao dinheiro dominam as emoções das pessoas. Esse sintoma fica evidente quando, na abundância, teme-se perder o que tem e, na escassez, teme-se em nunca ter o suficiente.

A principal causa desse comportamento está na construção de pensamentos sobre fatos de que não se tem controle e/ou não se podem prever. Vive-se na Zona de Preocupação.

( ) **Sintoma 2: má administração financeira**

Trata-se de quando não se guarda nenhum registro ou não se tem controle das finanças pessoais. Também não se dispõe de nenhum tipo de plano financeiro.

É geralmente observado em pessoas que dizem: "Eu não sei para onde foi o dinheiro". E não sabem quanto precisam hoje para viver.

As principais causas é a preguiça, a falta de priorização de administração doméstica ou, ainda, irresponsabilidade.

( ) **Sintoma 3: falta constante de provisão**

O problema aqui não está em quanto se ganha, mas na maneira como se gasta. Quanto mais dinheiro adquire, mais opções de gastos se encontra.

É geralmente observado em pessoas que dizem: "Nunca tenho dinheiro sobrando". Há um padrão de gastar 125% do orçamento, não importa se a renda seja mil, dez mil ou cem mil.

A principal causa é a falta de percepção de responsabilidade e controle que levam a gastos sempre acima do orçamento.

( ) **Sintoma 4: mentalidade: nunca tenho dinheiro**

Quando existe grande dificuldade em gastar os recursos de que dispõe. Independentemente da situação financeira na qual se esteja, acredita-se que não há o suficiente.

Observa-se em pessoas que, apesar de dispor de recursos, sempre que aparece uma necessidade diz: "Não temos dinheiro para isso".

A causa pode estar ligada a uma crença inconsciente de escassez, experimentada em fases da vida.

( ) **Sintoma 5: compras impulsivas**

Trata-se de uma incapacidade de resistir ao desejo de comprar.

Compra-se não porque precisa, mas pelo convencimento de que está se fazendo um ótimo negócio, oportunidade que nunca mais pode se repetir. Em outras palavras, compra-se porque "estava barato" e não porque precisava ou queria.

( ) **Sintoma 6: avareza**

Pessoas demonstram mais medo de liberar o dinheiro do que um "pão duro". Apesar de disporem de uma boa quantidade, pagam contas com atraso e não são capazes de doar seus recursos. Todo desembolso é um processo doloroso, mesmo que por razões legítimas.

É muito comum ser percebido quando há medo de repartir o que tem, independentemente do estado econômico.

Parte da crença de que dinheiro é algo muito difícil de se obter e deve ser preservado a todo custo.

( ) **Sintoma 7: cobiça**

Um desejo excessivo de adquirir ou possuir algo motivado por inveja e comparações com outros. Cobiça é diferente de ambição. Cobiça é desejar algo que não se tem, já ambição é desejar ter mais do que já se tem.

Anexo 1 – Templates de mapeamento

Não se trata de quanto se tem, mas de uma atitude de nunca estar satisfeito e sempre querer mais.

Quando nosso senso de identidade está intimamente ligado a ter, automaticamente nos sentimos inferiores quando notamos que temos menos que os outros.

( ) **Sintoma 8: descontentamento**

É a atitude ou mentalidade de insatisfação com o que se tem. Não importa quanta prosperidade se tenha, não há um limite que traga satisfação.

É comum nas pessoas que não conseguem definir um limite do quanto seria suficiente para elas. É o ter pelo ter, sem um propósito.

A causa é a associação do dinheiro a felicidade, status, poder, segurança, ou seja, expressões que a natureza humana busca sem limites.

( ) **Sintoma 9: servidão ao débito**

Uma espécie de prisão que mantém milhares de pessoas infelizes, vítimas do dinheiro e incapazes de reassumir as rédeas de sua vida.

Pessoas com débitos pessoais, escravizadas por juros e dívidas impagáveis gerados por dívidas de cartão de crédito e cheque especial.

Como causas possíveis, destacam-se criação de dívidas não planejadas e imprudência no uso de crédito fácil.

( ) **Sintoma 10: obsessão financeira**

Quando se dá ao dinheiro um lugar muito importante na vida, causando inversão de prioridades, desequilíbrios e comprometimento de valores.

Percebemos este sintoma quando a agenda de vida é basicamente como conseguir mais dinheiro.

Liste em ordem decrescente os sintomas que você percebe agindo em sua vida hoje?

```
Sintoma 1: _____
Sintoma 2: _____
Sintoma 3: _____
```

163

3. Mapa de equilíbrio financeiro

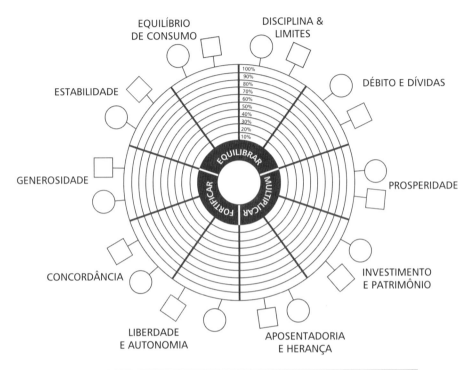

Figura 2.4 Mapa de Equilíbrio Financeiro (MEF).

ESCALA DE AVALIAÇÃO

GAP = 0 (PLENITUDE)
GAP = 1 (ACEITÁVEL)
GAP = 2 e 3 (CRÍTICO)
GAP = 4 e ACIMA (MUITO CRÍTICO)

ANEXO 2

TEMPLATES PARA SONHOS E METAS

1. CONECTOR DE PROSPERIDADE E PROPÓSITO
2. CINCO NÍVEIS PARA O SEU SONHO FINANCEIRO

Coaching financeiro | Marion

1. Conector de prosperidade e propósito

Pense e responda. Como a prosperidade se conecta, aproxima, viabiliza, impulsiona, acelera, facilita, enriquece, amplia, engrandece:

Minha missão/chamado...	
Minha paixão/vocação...	
Minha visão de futuro...	
As pessoas que eu amo...	
Meu projeto de vida...	
Minha humanidade....	
Minha vida...	
O mundo...	
Outros...	

2. Cinco níveis para o seu sonho financeiro

NÍVEL 1 – SEGURANÇA FINANCEIRA

 Faça o cálculo do montante necessário (Cifra de Riqueza) para cobrir os custos mensais de sua segurança financeira:

- Tenha em mãos o seu levantamento de gastos mensais (Quadro 2.2a).
- Com esses números, preencha o Quadro 3.2a e determine o quanto você precisa por mês para estar financeiramente seguro, estimando suas seis despesas básicas mensais.
- Transforme o seu saldo mensal total em anual, multiplicando-o por 12.
- Determine sua Cifra de Riqueza multiplicando seu saldo anual por 12,5.

Anexo 2 – Templates para sonhos e metas

AS SEIS DESPESAS BÁSICAS DE SEGURANÇA		
Tipo	Descrição	Gasto mensal
1. MORADIA	Financiamento residencial/Aluguel	
	IPTU/Impostos de propriedade	
	Taxa de condomínio/Manutenção doméstica	
	Seguro residencial	
2. DESPESAS DOMÉSTICAS	Gás	
	Eletricidade	
	Água e esgoto	
	Taxa de lixo	
	Telefonia	
3. ALIMENTAÇÃO	Supermercado	
	Padaria/Hortifrúti/Feira/Açougue	
4. SEGURO SAÚDE	Plano médico/Odontológico	
5. TRANSPORTE	Financiamento de carro/Aluguel/Táxi	
	IPVA/Seguro obrigatório/Licenciamento	
	Seguro de automóvel	
	Manutenção de automóvel (óleo, pneu etc.)	
	Combustível	
6. EDUCAÇÃO	Escola/Faculdade/Cursos	
MEU SALDO MENSAL DE SEGURANÇA FINANCEIRA É:		
SALDO ANUAL (Resultado mensal × 12)		
CALCULADOR DE RIQUEZA (Multiplique seu saldo anual por 12,5*) *12,5 representa um rendimento anual de 8% (poupança).		

CÁLCULO DE RIQUEZA: O Cálculo de Riqueza (última linha do Quadro 3.2a) visa definir um número que chamamos de Cifra de Riqueza. Esse é o montante que precisa ser conquistado para dele se gerar uma renda passiva que cubra o custo mensal estabelecido para sua segurança financeira.

O fator 12,5 representa matematicamente um rendimento anual de 8% bruto, equivalente a um rendimento de poupança, o mais básico e conservador da nossa economia, que incide sobre seu saldo anual.

DICA: Antes do próximo sonho, considere o valor de um fundo de emergência.

O fundo de emergência é para imprevistos da vida e pode somar algo em torno de 3 a 12 meses de seu rendimento mensal.

Coaching financeiro | Marion

NÍVEL 2 – VITALIDADE FINANCEIRA

 Faça o cálculo de riqueza de acordo com os passos a seguir:

- Estime a metade de alguns custos extras. Se os descritos na tabela não correspondem aos seus, substitua-os por aqueles de sua realidade.
- Some as linhas e determine o custo total mensal referente à sua vitalidade financeira.
- Na linha (c), some as linhas (a) e (b) do Quadro 3.2b.
- Na linha (d), transforme em anual o custo total do seu novo estilo de vida, multiplicando a linha (c) do Quadro 3.2b por 12.
- Calcule a Cifra de Riqueza, na linha (e), multiplicando o saldo da linha (d) do Quadro 3.2b por 12,5.

50% dos meus custos com roupas/assessórios	R$ _____	mensal
(+) 50% do meu custo com entretenimento	R$ _____	mensal
(+) 50% do meu custo com restaurantes	R$ _____	mensal
(+) 50% do meu custo com estética/academia	R$ _____	mensal
(+) 50% com título de clubes	R$ _____	mensal
(=) TOTAL ADICIONAL PARA A VITALIDADE FINANCEIRA	R$ _____	mensal

(a) TOTAL ADICIONAL PARA A VITALIDADE FINANCEIRA	R$ _____	mensal
(b) TOTAL DA SEGURANÇA FINANCEIRA	R$ _____	mensal
(c) = (a + b) TOTAL DO CUSTO PARA VITALIDADE FINANCEIRA	R$ _____	mensal
(d) x 12 TOTAL ANUAL PARA VITALIDADE FINANCEIRA	R$ _____	ano
(e) = (d) x 12,5 Cifra de Riqueza	R$ _____	

NÍVEL 3 – INDEPENDÊNCIA FINANCEIRA

 Faça o cálculo de riqueza de acordo com os passos a seguir:

- Liste e orce as outras despesas, não incluídas nos níveis anteriores, para compor 100% do custo do seu estilo de vida atual.
- Some essas despesas mensais para compor a linha (a) "Total adicional para o meu estilo de vida" do Quadro 3.2c.
- Adicione os outros 50% dos seus custos estimados em "Total adicional para a vitalidade financeira" do Quadro 3.2b. Insira-os na linha (b) do Quadro 3.2c.
- Na linha (e), some as linhas (a) e (b) do Quadro 3.2c.
- Na linha (d), transforme o custo total do seu novo estilo de vida em anual, multiplicando a linha (c) do Quadro 3.2c por 12.
- Calcule a Cifra de Riqueza, na linha (e), multiplicando o saldo da linha (d) do Quadro 3.2c por 12,5.

Anexo 2 – Templates para sonhos e metas

- Despesas 1 _____ R$ _____ mensal
- Despesas 2 _____ R$ _____ mensal
- Despesas 3 _____ R$ _____ mensal
- Despesas 4 _____ R$ _____ mensal
- Despesas 5 _____ R$ _____ mensal

(a) TOTAL ADICIONAL PARA O MEU ESTILO DE VIDA R$ _____ mensal
(b) TOTAL DA VITALIDADE FINANCEIRA (+ 50% restantes) R$ _____ mensal
(c) = (a + b) TOTAL DO MEU ESTILO DE VIDA ATUAL R$ _____ mensal
(d) = (e) × 12 TOTAL ANUAL DO MEU ESTILO DE VIDA **R$ _____ ano**

(e) = (d) × 12,5 Cifra de Riqueza R$ _____

NÍVEL 4 – LIBERDADE FINANCEIRA

 Faça o cálculo de riqueza de acordo com os passos a seguir:

- Liste e orce os três itens (luxos ou dispêndios) novos que incorporarão seu novo padrão de vida.
- Some os itens para compor a linha (a) "Total adicional para o meu novo estilo de vida".
- Copie o saldo estimado na linha (e) do Quadro 3.2c e transcreva-o na linha (b) do Quadro 3.2d "Total do meu estilo de vida".
- Na linha (e), some as linhas (a) e (b) do Quadro 3.2d.
- Na linha (d), transforme o custo total do seu novo estilo de vida em anual, multiplicando a linha (c) do Quadro 3.2d por 12.
- Calcule a Cifra de Riqueza, na linha (e), multiplicando o saldo da linha (d) do Quadro 3.2d por 12,5.

- Item de luxo 1 _____ R$ _____ mensal
- Item de luxo 2 _____ R$ _____ mensal
- Doação para _____ R$ _____ mensal

(a) TOTAL ADICIONAL PARA O MEU ESTILO DE VIDA R$ _____ mensal
(b) TOTAL DO MEU ESTILO DE VIDA ATUAL R$ _____ mensal
(c) = (a + b) TOTAL DO MEU NOVO ESTILO R$ _____ mensal
(d) = (e) × 12 TOTAL ANUAL DO MEU NOVO ESTILO DE VIDA **R$ _____ ano**

(e) = (d) × 12,5 Cifra de Riqueza R$ _____

Coaching financeiro | Marion

NÍVEL 5 – LIBERDADE FINANCEIRA ABSOLUTA

 Faça o cálculo de riqueza de acordo com os passos a seguir:

- Liste e orce tudo aquilo que fará parte da sua liberdade absoluta ainda não listado nos níveis anteriores.
- Some os itens para compor a linha (a) "Total adicional para liberdade absoluta".
- Copie o saldo estimado na linha (e) do Quadro 3.2d e transcreva-o na linha (b) do Quadro 3.2e "Total liberdade financeira".
- Na linha (c), some as linhas (a) e (b) do Quadro 3.2e.
- Na linha (d), transforme em anual o custo total do seu novo estilo de vida, multiplicando a linha (c) do Quadro 3.2e por 12.
- Calcule a Cifra de Riqueza, na linha (e), multiplicando o saldo da linha (d) do Quadro 3.2e por 12,5.

- Item de luxo 1 _____   R$ _____ mensal
- Item de luxo 2 _____   R$ _____ mensal
- Renda livre   R$ _____ mensal
- Investimento em _____   R$ _____ mensal
- Doação para _____   R$ _____ mensal

(a) TOTAL ADICIONAL PARA LIBERDADE ABSOLUTA   R$ _____ mensal

(b) TOTAL LIBERDADE FINANCEIRA   R$ _____ mensal

(c) = (a + b) TOTAL PARA LIBERDADE ABSOLUTA   R$ _____ mensal

(d) = (e) × 12 TOTAL ANUAL PARA LIBERDADE ABSOLUTA   R$ _____ **ano**

(e) = (d) × 12,5 Cifra de Riqueza   R$ _____

ANEXO 3

TEMPLATES DIRECIONADORES DE PLANOS

1. 5W2H

2. OS QUATRO POTES: PLANO DE ORÇAMENTO DOMÉSTICO

3. DÍVIDA ZERO EM SETE PASSOS

4. DIRECIONADORES DE ESTRATÉGIA

5. MAPA DO MILHÃO

1. 5W2H

Quadro 4.1 5W2H

PLANO DE AÇÃO

Selecione as respostas mais críticas de seu autocoaching e elabore um Plano de Ação efetivo e exequível (*checklist*).

Objetivo:

Pilar: Data:

	O QUE FAZER (Etapas e subetapas)	POR QUE SERÁ FEITO (Justificativa/ Razões)	ONDE SERÁ FEITO (Local/Situação)	QUANDO SERÁ FEITO (Início/Término/ Frequência)	POR QUEM SERÁ FEITO (Envolvidos)	COMO SERÁ FEITO (Método/ Estratégia)	QUANTO CUSTARÁ (Recursos/ Tempo/Custo)	NÍVEL DE CRITICIDADE (Alto/Médio/ Baixo)
1								
2								
3								
4								
5								

Fonte: Coaching4.com

Anexo 3 – Templates direcionadores de planos

2. Os quatro potes: plano de orçamento doméstico

O MODELO DOS QUATRO POTES

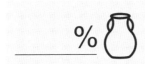

DAR
Caridade e generosidade (propósito e humanidade), honrar a Deus com dízimos (valores e fé).

ECONOMIZAR
Poupança para compras maiores (patrimônio/sonhos). Poderá ser usado também para despesas inesperadas do futuro (emergências).

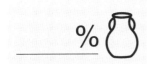

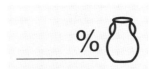

INVESTIR
Alocar seu dinheiro em multiplicadores que valorizarão e multiplicarão seus recursos.

GASTAR
Destinado a necessidades (básico), desejos (conforto).

Figura 4.2.1 O modelo dos quatro potes.

AJUSTE DO ORÇAMENTO ATUAL

Defina TRÊS ações decisivas que remodelarão seu sistema orçamentário definitivamente.

- Ação 1: _____
- Ação 2: _____
- Ação 3: _____

3. Dívida zero em sete passos

Livre-se das dívidas para sempre por meio dos sete passos definitivos para conquistar sua libertação financeira.

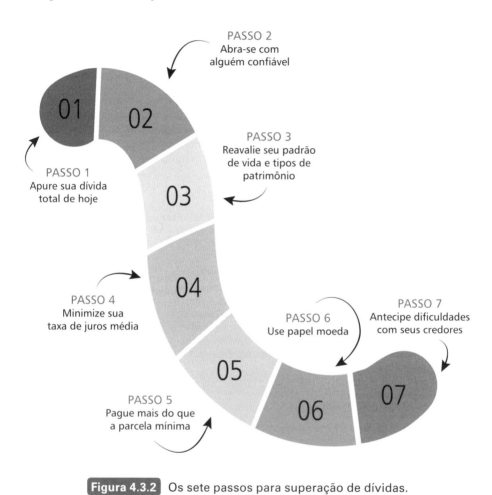

Figura 4.3.2 Os sete passos para superação de dívidas.

Passo 1 – Apure sua dívida total de hoje.

Liste todos os financiamentos incluindo imobiliário, veículos, estudantil, dívidas com familiares etc.

Anexo 3 – Templates direcionadores de planos

Quadro 4.3.2a Apuração total de dívida

Data de apuração:						
Credor	Débito atualizado total	Taxa de juros mensal	Pagamentos mínimos	Dados de pagamento	E-mail	Fone
TOTAL						

Passo 2 – Abra-se com alguém confiável.

Abra-se com alguém que confie e combine uma prestação de contas semanal/mensal sobre seu progresso ou dificuldades.

Vou me abrir com...	
Escolho esta pessoa porque...	
Farei contato em...	
Prestarei conta das minhas ações na seguinte frequência...	
Continuarei prestando conta até*...	

*Recomendado até que os débitos estejam quitados.

Coaching financeiro | Marion

Passo 3 – Reavalie seu padrão de vida e tipos de patrimônio.

- Considere a liquidação ou a substituição de patrimônios para reduzir os custos fixos e potencializar a quitação de dívidas mais caras.

- A partir da análise do disponibilizador do orçamento doméstico, verifique quais grupos poderão ser redefinidos minimizando o impacto na vida familiar.

Quadro 4.3.2b Liquidação ou substituição de patrimônio

PATRIMÔNIO	NÃO DISPONÍVEL	DISPONÍVEL PARA VENDA OU SUBSTITUIÇÃO
Imóveis		
Propriedades		
Automóveis		
Barcos/Náuticos/Jatos		
Motos/Veículos esportivos		
Artigos Artísticos ou Relíquias		
Maquinários e Equipamentos		
Joias e artigos valiosos		
Participações		
Outros		

Anexo 3 – Templates direcionadores de planos

Quadro 4.3.2c Análise do orçamento doméstico

DISPONIBILIZADOR DO ORÇAMENTO DOMÉSTICO			
Categorias	Média mensal atual	Novo orçamento	Aumento da disponibilidade mensal
Financiamento Residencial/Aluguel			
IPTU/Impostos de Propriedade			
Taxa de Condomínio/Manutenção Doméstica			
Seguro Residencial			
Gás			
Eletricidade			
Água e Esgoto			
Taxa de Lixo			
Telefone Fixo			
Celulares			
Serviços de Alarme e Segurança			
Diarista/Doméstica/Cozinheira/Babysitter			
Jardinagem/Limpezas Domésticas Especiais			
Limpeza de Piscina/Lareira/Churrasqueira etc.			
Supermercado			
Padaria/Hortifrúti/Feira/Açougue			
Restaurante/Bares/Pizza etc.			
Plano Médico/Odontológico			
Despesas Médicas e Farmácia			
Veterinário/Pet Shop			
Financiamento de Carro/Aluguel/Táxi			
Outros Serviços de Transporte (ônibus, metrô etc.)			
IPVA/Seguro Obrigatório/Licenciamento			
Seguro de Automóvel			
Manutenção de Automóvel (óleo, pneu etc.)			
Combustível			
Estacionamento/Pedágios			
Roupas/Sapatos/Bolsas			

177

Categorias	Média mensal atual	Novo orçamento	"Aumento da disponibilidade mensal"
Serviço de Lavanderia			
Joias/Relógios/Brinquedos/Eletrônicos etc.			
Compras Virtuais *Smartphones* (*Apps*)			
Salão de Beleza (cabelo, unhas, maquiagem etc.)			
Escola/Faculdade/Cursos			
Academia/Esportes/Nutricionista/Pilates etc.			
Psicólogo/Fono/Fisioterapeuta/Coach etc.			
Serviços Profissionais (contador, advogado etc.)			
Tarifas Bancárias e Imposto Financeiro			
Imposto de Renda			
Computadores e Manutenção			
Cartão de Crédito e Empréstimos			
Conselhos Profissionais e Sindicatos			
Livros e Assinaturas de Revista/Jornais etc.			
TV e Internet (compra e locação de filmes/música)			
Cinema/Tetaro/Casa Noturna etc.			
Férias/Viagens/Eventos/Hobbies etc.			
Dízimos/Ofertas			
Doações e Contribuições			
Presentes (casamento/aniversário etc.)			
Loteria			
Cigarros, Charutos, Bebidas			
TOTAL	R$	R$	R$

Passo 4 – Minimize sua taxa de juros média.

A taxa de juros que você paga faz muita diferença. Verifique o custo do débito atual e faça um planejamento de minimização da taxa de juros.

Anexo 3 – Templates direcionadores de planos

Quadro 4.3.2d Análise de custo de dívida

TIPO DE CRÉDITO	TAXA DE JUROS ANUAL MÉDIA	ASSINALE ONDE TEM DÉBITO PENDENTE
Financiamento Imobiliário	12,00%	
Financiamento Automotivo	24,36%	
Crédito Consignado	43,74%	
Crédito Pessoal	63,61%	
Cheque Especial	218%	
Cartão de Crédito	363%	

Fonte: Banco Central – abr. 2018.

Passo 5 – Pague mais do que a parcela mínima.

Identifique a parcela máxima que pode pagar por mês por seus débitos. Escreva o montante a seguir:

- Parcela Mensal Máxima disponível para débitos: R$ _____

Revendo sua lista total de débitos em ordem decrescente por taxa de juros, estabeleça o pagamento mínimo oferecido pelo credor e some R$ 50:

Quadro 4.3.2e Pagamentos programados

CREDOR	PAGAMENTO MÍNIMO + R$ 50	TAXA DE JUROS	SALDO DEVEDOR
1.			
2.			
3.			
4.			
5.			
TOTAL			

Calcule a diferença entre a parcela máxima disponível para débitos e o total de pagamento mínimo + R$ 50.

- Saldo extra disponível para débitos: R$ _____

Use essa diferença e aumente a parcela da dívida mais cara. Repita esse processo até o débito ser totalmente quitado e depois siga para o próximo débito com maiores juros da lista.

Esse processo pode levar meses, talvez anos. Mas saiba disso, a cada pagamento efetuado, você estará mais próximo de sua liberdade financeira!

Passo 6 – Use papel moeda.
Destrua todos seus cartões de crédito. A disciplina financeira é uma aliada poderosa nesse processo. Não dê margens para contrair novas dívidas.

Estabeleça seu orçamento dentro do que tem disponível e pague em dinheiro. Além de estabelecer limites, isso o ajudará na sua contabilidade mental, conscientizando-o do quanto está gastando em cada item no seu dia a dia.

Passo 7 – Antecipe dificuldades com seus credores.
Caso haja algum imprevisto e/ou note que não poderá honrar suas parcelas mensais, comunique imediatamente o(s) credor(es) afetados. Pular parcelas ou atrasar pagamentos causa vergonha e desrespeita você. Lembre-se de que o desrespeito repele o dinheiro.

NÃO SE ENVERGONHE! Você está vivendo uma nova verdade e encarando seus problemas de frente. Você não é um fracasso, ou uma pessoa de mau caráter. Sua situação financeira não diminui seu valor ou importância. Se alguém for indelicado com você, retorne com educação e respeito sempre. Respeito atrai o dinheiro.

Anexo 3 – Templates direcionadores de planos

4. Direcionadores de estratégia

ESTRATÉGIA 1

Economize mais e invista a diferença.

Escreva suas ideias no papel, classifique-as como conservadoras ou arrojadas e defina em que prazo serão ação de curto (até 1 ano), médio (até 5 anos), longo (acima de 5 anos).

Ações conservadoras:
- _____ ; Prazo (C/M/L) _____
- _____ ; Prazo (C/M/L) _____

Ações arrojadas:
- _____ ; Prazo (C/M/L) _____
- _____ ; Prazo (C/M/L) _____

ESTRATÉGIA 2

Ganhe mais e invista a diferença.

Escreva suas ideias no papel, classifique-as como conservadoras ou arrojadas e defina em que prazo serão ação de curto (até 1 ano), médio (até 5 anos), longo (acima de 5 anos).

Ações conservadoras:
- _____ ; Prazo (C/M/L) _____
- _____ ; Prazo (C/M/L) _____

Ações arrojadas:
- _____ ; Prazo (C/M/L) _____
- _____ ; Prazo (C/M/L) _____

ESTRATÉGIA 3

Reduza taxa e impostos e invista a diferença.

Escreva suas ideias no papel, classifique-as como conservadoras ou arrojadas e defina em que prazo serão ação de curto (até 1 ano), médio (até 5 anos), longo (acima de 5 anos).

> Ações conservadoras:
> - _____ ; Prazo (C/M/L) _____
> - _____ ; Prazo (C/M/L) _____
>
> Ações arrojadas:
> - _____ ; Prazo (C/M/L) _____
> - _____ ; Prazo (C/M/L) _____

ESTRATÉGIA 4

Melhore suas taxas de retorno e acelere a sua vitória.

Escreva suas ideias no papel, classifique-as como conservadoras ou arrojadas e defina em que prazo serão ação de curto (até 1 ano), médio (até 5 anos), longo (acima de 5 anos).

> Ações conservadoras:
> - _____ ; Prazo (C/M/L) _____
> - _____ ; Prazo (C/M/L) _____
>
> Ações arrojadas:
> - _____ ; Prazo (C/M/L) _____
> - _____ ; Prazo (C/M/L) _____

Anexo 3 – Templates direcionadores de planos

ESTRATÉGIA 5
Mude seu estilo de vida para melhor.

Escreva suas ideias no papel, classifique-as como conservadoras ou arrojadas e defina em que prazo serão ação de curto (até 1 ano), médio (até 5 anos), longo (acima de 5 anos).

```
Ações conservadoras:
 • _____ ; Prazo (C/M/L) _____
 • _____ ; Prazo (C/M/L) _____
Ações arrojadas:
 • _____ ; Prazo (C/M/L) _____
 • _____ ; Prazo (C/M/L) _____
```

COMPROMETA-SE COM UMA CIFRA AGORA:

- O quanto se compromete a atingir no curto prazo, até 2 anos?

_____

- O quanto se compromete a atingir no médio prazo, até 5 anos?

_____

- O quanto se compromete a atingir no longo prazo, até 20 anos?

_____

5. Mapa do milhão

O Mapa do Milhão apresenta os diferentes caminhos que você pode escolher, combinando prazo, rentabilidade e parcelas mensais para atingir seu primeiro milhão.

Coaching financeiro | Marion

Quadro 4.4.3 Mapa do Milhão

QUANTO PRECISO POUPAR POR MÊS (POR PRAZO E TAXA DE RENTABILIDADE)?

PRAZO PARA INVESTIR (ANOS)	3	5	8	10	15	20	25	30	35	40
Rentabilidade do Investimento/Mês	36	60	96	120	180	240	300	360	420	480
0,40%	25.881,18	14.779,74	8.564,92	6.509,06	3.804,14	2.489,57	1.729,97	1.246,65	920,05	690,26
0,45%	25.650,82	14.555,04	8.351,22	6.303,14	3.617,87	2.322,52	1.581,30	1.115,31	804,81	589,84
0,50%	25.421,94	14.332,80	8.141,43	6.102,05	3.438,57	2.164,31	1.443,01	995,51	701,90	502,14
0,55%	25.194,54	14.113,02	7.935,52	5.905,74	3.266,14	2.014,72	1.314,69	886,59	610,37	425,95
0,60%	24.968,62	13.895,69	7.733,46	5.714,19	3.100,47	1.873,49	1.195,89	787,88	529,32	360,11
0,65%	24.744,18	13.680,81	7.535,24	5.527,34	2.941,42	1.740,36	1.086,14	698,71	457,81	303,47
0,70%	24.521,22	13.468,37	7.340,83	5.345,15	2.788,87	1.615,04	984,99	618,38	394,96	254,97
0,75%	24.299,73	13.258,36	7.150,20	5.167,58	2.642,67	1.497,26	891,96	546,23	339,93	213,61
0,80%	24.079,72	13.050,76	6.963,34	4.994,57	2.502,67	1.386,71	806,58	481,60	291,90	178,49
0,85%	23.861,17	12.845,59	6.780,20	4.826,07	2.368,74	1.283,10	728,37	423,87	250,11	148,77
0,90%	23.644,09	12.642,81	6.600,76	4.662,03	2.240,70	1.186,12	656,88	372,42	213,87	123,71
0,95%	23.428,47	12.442,44	6.424,98	4.502,39	2.118,40	1.095,48	591,65	326,69	182,53	102,65
1,00%	23.214,31	12.244,45	6.252,84	4.347,09	2.001,68	1.010,86	532,24	286,13	155,50	85,00
1,10%	22.790,37	11.855,59	5.919,32	4.049,27	1.784,31	858,53	429,21	218,53	112,28	57,96
1,20%	22.372,23	11.476,15	5.599,91	3.768,05	1.587,23	726,77	344,61	166,02	80,59	39,26
1,30%	21.959,87	11.106,04	5.294,31	3.502,89	1.409,08	613,33	275,56	125,52	57,53	26,44
1,40%	21.553,27	10.745,16	5.002,19	3.253,24	1.248,52	516,11	219,53	94,49	40,87	17,72
1,50%	21.152,40	10.393,43	4.723,21	3.018,52	1.104,21	433,12	174,30	70,85	28,92	11,82

Anexo 3 – Templates direcionadores de planos

Em quanto tempo pretende chegar a 1 milhão?
Qual será sua estratégia de poupança mensal/semestral?
Qual será sua estratégia de investimento e rentablidade?

ANEXO 4

TEMPLATES PARA RESGATE DE MEMÓRIA FINANCEIRA

1. QUESTIONÁRIO SOBRE AS MENSAGENS FINANCEIRAS

2. MINHA MEMÓRIA FINANCEIRA

3. MEU CONDICIONAMENTO FINANCEIRO

4. MEU BOTÃO DO PÂNICO

5. CONECTOR DA MEMÓRIA COM MEDOS E HÁBITOS PRESENTES

Coaching financeiro | Marion

1. Questionários sobre as mensagens do dinheiro

Responda "sim" ou "não" para as questões a seguir. Não há respostas certas ou erradas. Trata-se de um exercício para ativar sua memória:

Quadro 5.1 Questionário sobre as mensagens do dinheiro

SIM	NÃO	QUESTÃO
		Seus amigos tinham coisas que você não tinha?
		Percebia que seus amigos usavam roupas ou tinham brinquedos melhores que o seu?
		Seus parentes faziam viagens de férias melhores que a sua?
		Sentia vergonha por ter muito mais ou muito menos do que seus amigos?
		Tinha vergonha de trazer seus amigos para sua casa?
		Seus amigos tinham carros mais caros que o seu?
		Você ouvia seus pais brigando frequentemente por causa de dinheiro?
		Sua mãe escondia as coisas que comprava de seu pai para evitar brigas?
		Você precisava demonstrar ótimo comportamento para conquistar presentes especiais na sua infância?
		Você ganhava dinheiro sempre que visitava seus avós?
		Você recebia presentes em dinheiro ao invés de receber algo escolhido para você?
		Recebeu presentes na sua infância que foram particularmente especiais?
		Você roubava dinheiro dos seus irmãos, da carteira do papai, ou da loja da esquina?
		Você recebia uma mesada menor que seus irmãos, amigos ou parentes próximos?
		Quando você ganhava dinheiro como presente, alguém lhe orientava o que fazer com ele?

Anexo 4 – Templates para resgate de memória financeira

2. Minha memória financeira

A partir das mensagens do dinheiro que lembrou, identifique a mensagem que mais tenha lhe marcado emocionalmente. Talvez sejam apenas fragmentos de memória. Use-os. Como uma criança, veja a cena. As questões a seguir o ajudaram a construir essa imagem.

- É uma memória feliz ou triste?

  _____

- Onde você está?

  _____

- Quem mais de importante faz parte desta cena? É importante que pai e mãe ou cuidadores façam parte.

  _____

- Havia riso, discussão, choro na cena? Qual a emoção associada?

  _____

- O que estava acontecendo nesta cena?

  _____

- Como isso lhe fez sentir-se?

  _____

- Qual a mensagem do dinheiro que recebeu nessa experiência?

  _____

- Você consegue ver essa mensagem (verdade) atuante em sua vida adulta hoje? Como?

  _____

189

3. Meu condicionamento financeiro

Preencha os campos a seguir com a primeira resposta que lhe ocorrer, não com a politicamente correta:

1. As pessoas ricas assim se tornam porque _____.
2. As pessoas são pobres porque _____.
3. Financeiramente, eu tenho direito a _____.
4. A relação entre dinheiro e felicidade é _____.
5. Eu sempre poderei me dar ao luxo de _____.
6. Eu nunca poderei me dar ao luxo de _____.
7. Financeiramente, eu não mereço _____.
8. Os pais têm a obrigação de _____ aos filhos.
9. Nunca confie seu dinheiro a _____.
10. Tenho receio de possuir uma riqueza considerável porque _____.

4. Meu botão do pânico

Quando o assunto é dinheiro do que é que você mais tem medo?

Quadro 5.4 Meu botão do pânico

SIM	NÃO	QUESTÃO
		Medo de não poder suprir sua família?
		Medo de não conseguir honrar seus compromissos financeiros?
		Medo do que os outros vão dizer por seu cônjuge ganhar mais que você?
		Medo de cometer erros com o dinheiro que o leve a perder tudo?

Anexo 4 – Templates para resgate de memória financeira

SIM	NÃO	QUESTÃO
		Medo de que, quando seus amigos descobrirem o quanto ganha ou tem, mudem a opinião sobre você?
		Medo de ser auditado pela Receita Federal?
		Medo de não conseguir subsidiar uma boa educação aos seus filhos?
		Medo de precisar subsidiar seus pais em uma casa de repouso em sua velhice?
		Envergonhado por ter que usar o cartão de crédito para cobrir suas despesas mensais?
		Medo de jamais conseguir pagar suas dívidas?
		Medo que seu cônjuge perca o emprego e tenha que assumir integralmente sua família?
		Medo de se tornar um "sem-teto"?
		Medo de não conseguir se manter com dignidade em sua velhice?
		Medo de ser demitido e não conseguir pagar suas contas?
		Medo de jamais conseguir pagar por um imóvel próprio?

O MAIOR DE TODOS OS MEDOS

Meu grande temor a respeito da minha vida financeira é:

5. Conector da memória com medos e hábitos presentes

Este é um exercício para conectar memórias passadas com medos e hábitos presentes. Primeiro, reescreva suas principais memórias financeiras. Em seguida, reescreva seus principais medos.

Quadro 5.6 Conector da memória com medos e hábitos presentes

MEMÓRIA FINANCEIRA	MEDO PRESENTE	HÁBITOS CRIADOS

Descreva sua declaração (nova verdade) que seja diretamente oposta ao seu medo.

Faça curto. No presente. Ilimitado.

Quadro 5.7 Declaração da nova verdade

MAIOR MEDO	NOVA VERDADE

BIBLIOGRAFIA

AIER Staff. **The cost of living calculator**. 2016. Disponível em: <https://www.aier.org/cost-living-calculator>. Acesso em: 13 mar. 2018.

CAMERER, Colin F. Neuroeconomics: using Neuroscience to make economic predictions. **The Economic Journal**, Nottingham: Royal Economic Society, 2007. v. 117, n. 519. p. C26-C42.

CARDONE, Grant. **The 10x rule:** the only difference between success and failure. Old Saybrook: Gildan Media Corporation, 2011.

CERBASI, Gustavo. **Investimentos inteligentes**. Rio de Janeiro: Sextante, 2013.

CHANDLER, Steve; BECKFORD, Sam. **100 maneiras de criar riqueza**. Rio de Janeiro: Sextante, 2010.

CLARK, A. E.; FRIJTERS, P.; SHIELDS, M. A. Relative income, happiness, and utility: an explanation for the Easterlin paradox and other puzzles. **Journal of Economic**, Pittsburgh, 2008. Literature, p. 95-144.

EKER, T. Harv. **Os segredos da mente milionária:** aprenda a enriquecer mudando seus conceitos sobre o dinheiro e adotando os hábitos das pessoas bem-sucedidas. Rio de Janeiro: Sextante, 2006.

GLIMCHER, Paul. **Neuroeconomics: decision making and the brain**. Washington DC: Science, 2013. v. 306, Issue 5695, p. 447-452.

____; FEHR, Ernst. **Introduction**: A Brief History of Neuroeconomics, In: Neuroeconomics. 2. ed. San Diego: Academic Press, 2014.

HILL, Craig. **Cinco segredos da riqueza que 96% das pessoas não sabem**. 1. ed. Pompeia: Universidade da Família, 2014.

KAHNEMAN, D. **Framing effect**. 2012. Disponível em: <https://www.behavioraleconomics.com/mini-encyclopedia-of-be/>. Acesso em: 4 abr. 2018.

____; EATON, A. **High income improves evaluation of life but not emotional well-being**. Wahington DC: Proceedings of the national academy of sciences, 2010.

____; SLOVIC, P.; TVERSKY, A. **Judgment under uncertainty:** heuristics and biases. New York: Cambridge University Press, 1982.

____; DIENER, E.; SCHWARZ, N. **Well-being:** the foundations of Hedonic Psychology. New York: Russell Sage Foundation, 1999.

____; TVERSKY, A. **Choices, values and frames**. New York: Cambridge University Press, 2000.

____. Prospect theory: an analysis of decision under risk. **Econometrica**, v. 47, p. 263-291, 1979.

____; EATON, A. **High income improves evaluation of life but not emotional well-being**. Wahington DC: Proceedings of the national academy of sciences, 2010.

KIYOSAKI, Robert; LECHTER, Sharon. **Pai rico, pai pobre**. Rio de Janeiro: Elsevier, 2000.

LANDAU, Elizabeth. **Winning the lottery**: Does it guarantee happiness? 2011. Disponível em: <http://www.cnn.com/2011/HEALTH/01/07/lottery.winning.psychology/index.html>. Acesso em: 5 maio 2018.

LEVIN, Irwin P; GAETH, Gary J.; SCHREIBER, Judy; LAURIOLA, Marco. **A new look at framing effects**: distribution of effect sizes, individual differences, and independence of types of effects. Amsterdam: Elsevier, 2002.

LEWGOY, Júlia. **15 apps e planilhas para controlar seus gastos em 2018**. 2018. Disponível em: <https://exame.abril.com.br/seu-dinheiro/20-apps-e-planilhas-para-controlar-seus-gastos-em-2018/>. Acesso em: 28 abr. 2018.

MARION, Arnaldo. **Manual de coaching:** guia prático de formação profissional. São Paulo: Atlas, 2017.

Bibliografia

NEUBERT, Patterson. **Money only buys happiness for a certain amount**. Disponível em: <https://www.purdue.edu/newsroom/releases/2018/Q1/money-only-buys-happiness-for-a-certain-amount.html>. Acesso em: 4 de maio de 2018.

ORMAN, Suze. **Financial guidebook:** put the 9 steps to work. New York: Three Rivers Press, 2002.

ROBBINS, Anthony. **Money:** master the game. New York: Simon & Schuster, 2014.

SHEFRIN, Hersh; THALER, Richard. **The behavioral life-cycle hypothesis**. Oxford: Economic Inquiry, 1988.

THALER, Richard. Mental accounting matters. **Journal of Behavioral Decision Making**, 1999. v. 12, p. 183-206.

WEBB, Keith. **The coach model**: for christian leaders. San Bernardino: Active Results LLC, 2012.

Pré-impressão, impressão e acabamento

grafica@editorasantuario.com.br
www.graficasantuario.com.br

Aparecida-SP